正能量

钻石典藏版

行动改变思维，相信相信的力量

[英]理查德·怀斯曼（Richard Wiseman） 著
靳婷婷 译

RIP IT UP
THE SIMPLE IDEA THAT CHANGES EVERYTHING

中国出版集团
中译出版社

图书在版编目（CIP）数据

正能量 /（英）理查德·怀斯曼著；靳婷婷译 . -- 北京：中译出版社，2023.9
书名原文：Rip It Up
ISBN 978-7-5001-7458-5

Ⅰ . ①正… Ⅱ . ①理… ②靳… Ⅲ . ①心理学—通俗读物 Ⅳ . ① B84-49

中国国家版本馆 CIP 数据核字（2023）第 146437 号

Copyright © Richard Wiseman, 2015
This edition arranged with PEW Literary Agency Limited through Andrew Nurnberg Associates International Limited
Simplified Chinese translation copyright © 2023
by China Translation & Publishing House
ALL RIGHTS RESERVED
著作权合同登记号：图字 01-2023-3034

正能量

著　　者：	[英] 理查德·怀斯曼
译　　者：	靳婷婷
策划编辑：	刘　钰
责任编辑：	刘　畅
营销编辑：	王珩瑾　赵　铎　魏菲彤
版权支持：	马燕琦

出版发行：	中译出版社
地　　址：	北京市西城区新街口外大街 28 号普天德胜大厦主楼 4 层
电　　话：	（010）68002494（编辑部）
邮　　编：	100088
电子邮箱：	book@ctph.com.cn
网　　址：	http://www.ctph.com.cn

印　　刷：	北京盛通印刷股份有限公司
经　　销：	新华书店
规　　格：	1230 mm×880 mm　1/32
印　　张：	9.25
字　　数：	180 千字
版　　次：	2023 年 9 月第 1 版
印　　次：	2023 年 9 月第 1 次印刷

ISBN 978-7-5001-7458-5　　　　　定价：69.00 元

版权所有　　侵权必究
中 译 出 版 社

致罗纳德和布伦达

如果你想拥有某种特质,就表现得你仿佛已经具有这种特质一样。

——威廉·詹姆斯,美国心理学家,1884 年

前言

装假成真，让行动改变思维

很多自助大师和企业教练都在宣扬同一条简单的口号："若要提高你的生活质量，你就要改变自己的思维方式。"强迫自己拥有积极的想法，这样你就能变得更快乐。想象出理想的自我，你便能享受到更大的成功。像百万富翁一样思考，你就会神奇地变得富裕起来。从原理上来说，这个理念听来完全合理。然而奇怪的是，在实践过程中，这种方法却往往被证明是惊人的无效。研究表明，人们很难一直维持愉悦的想法，员工们即便想象出完美的自我也无动于衷，渴望获得无限财富的梦想家也与百万美元无缘。

一个多世纪前，维多利亚时代杰出的心理学家威廉·詹姆斯提出了一种具有颠覆意义的改变方法，从此之后，世界各地的研究人员对詹姆斯的理论进行了数百次实验，发现这一理论几乎适用于人们生活的方方面面。其中最重要的一点或许在于，这条理论衍生出了一系列简单有效的练习，有助于增加幸福感，避免焦虑和担忧，坠入爱河并天长地久，保持身体苗条，增强意志力和信心，甚至减缓衰老带来的影响。关于这条理论的研究已在无数科学会议上公布，并在众多学术期刊上发表。尽管如此，它却很少进入公共视野。

在我的前一本著作《59秒》（*59 Seconds*）中，我曾介绍过其中一些练习。以此为基础，《正能量》将第一次把詹姆斯的革命性理论通过通俗而全面的指南形式呈现在读者面前。这本书将告诉大家，你目前对自己思想的所有看法都是错误的，并非所有的改变都困难重重。除此之外，本书还介绍了一系列易于实践的技巧，旨在为读者日常生活的不同领域带来积极的变化。

在整本书中，我会不断向读者提出改变行为的要求。为了强调这条关键信息，我要请你做一件你或许从来没有做过的事情。我希望你一边阅读，一边把读过的部分撕掉。我猜，读到这里，你的脑中可能会涌现出两个想法。

首先，有的读者可能会想："不！！！我可不想撕书！"但这偏偏就是这项练习的意义所在。被要求改变自己行为的人，会很快罗列出一长串理由，强调固守老旧方法的必要性。这种态度或许情有可原（毕竟，行为很快就会在我们的脑中扎根，不出多久就会像老友一样熟悉），却有可能对改变构成最大的障碍。解决这个问题最有效的方法，就是干脆做一些你以前从未做过的事情，一些让你感到不习惯却无伤大雅的事情。撕书就是其中之一。

其次，那些在电子书阅读器上阅读这本书的读者，则会发现这个练习并不可行。没关系，你只需找一本激励你改变思维的励志书，把这本书撕掉也行。当然，这是句玩笑话。

现在，让我们先试一个能够带来颠覆性改变的简单练习。在本书的下一页，有一幅"规则手册"的图片。现在就请你把这一页撕下来，把"规则手册"的图片撕成4份，再把每一份都团成一个纸球。但愿这一步不算太痛苦，也希望你感觉自己的思想经历了一个微小但切实的变化。希望大家喜欢这个练习，因为在整本书中，我会要求大家从各个方面改变自己的行为模式，每一次改变，都会使你的思想和感受发生更为显著和非凡的蜕变。

从现在起，让我们用一种全新的心态面对改变！这种方式扎根科学，颠覆传统思维，以此作为基础，你能通过最简单、快速、有效的途径，让自己的人生更上一个台阶。

所以，请坐直身体，深吸一口气，准备踏上这段正能量之旅吧。

正能量

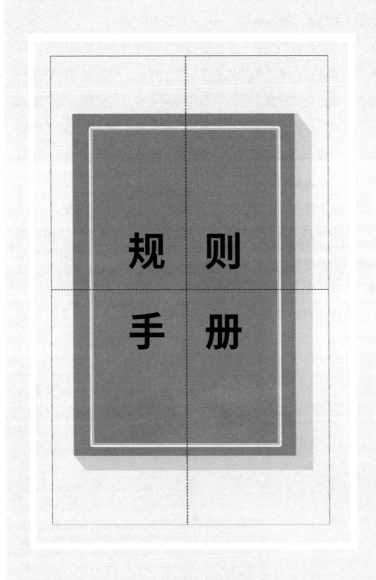

目录

第一章
用行动制造快乐
/ 001

1. 简单的想法就能改变一切 / 003
2. "装假成真"原理的神奇功效 / 014
3. 能够让你瞬间快乐的言行举止 / 024

第二章
用行动吸引你的真爱
/ 041

1. 爱情到底是什么? / 043
2. 情绪在先,还是体感在先? / 055
3. 其实爱情可以被人为"制造"出来 / 069

第三章
用行动保持心理健康
/ 091

1. 躯体瘫痪会导致情绪体验的丧失 / 093
2. 放松能够消除疼痛,平静能够化解愤怒 / 099
3. 用行为激活法对抗抑郁症 / 125

第四章
用行动增强意志力
/ 141

1. 当心适得其反的奖励机制 / 143
2. "得寸进尺"法让小改变产生大影响 / 153
3. 拉近所爱,推开所恶,轻松减肥 / 165

第五章
用行动增强说服力
/ 181

1. 说服他人时遇到的障碍　　　　/ 183
2. 一人传虚，万人传实　　　　　/ 191
3. 行为侧重点可创造新理念　　　/ 198
4. 强制改变也会带来良好效果　　/ 203
5. 一致行动给团队带来的巨大力量　/ 213

第六章
用行为塑造全新的自我
/ 223

1. 改变你的行为就能改变你的性格　/ 225
2. 高能量姿势让你更自信　　　　/ 231
3. 人靠衣装是真理　　　　　　　/ 239
4. 人性中的善良天使与邪恶魔鬼　/ 249
5. 相信的力量让你更年轻　　　　/ 265

结　语
装假成真，成为你想成为的任何人
/ 273

致谢
/ 285

第一章

用行动制造快乐

在这一章,我们将与众人敬慕的天才心理学家威廉·詹姆斯"会面",教你彻底颠覆固有的思维模式,学会随心所欲地激发内在的乐观与热情,再一起到快乐工厂游历一番。

始物于行。

——歌德,《浮士德》

1

简单的想法就能改变一切

1879年，德国心理学家威廉·冯特教授进行了世界上第一个实验室心理实验。这项具有历史意义的研究在莱比锡大学的一个小房间里展开，向我们揭示了维多利亚时代科学家研究人类思维方法的全貌。

在这场拉开实验心理学序幕的实验中，冯特本可以自由选择任何一个有趣的问题，比如人们为何会坠入爱河、信仰上帝，或是时而心生自相残杀的冲动。然而，这位"毫无幽默感且不知疲倦"的冯特，却选择使用一个小铜球进行了一场不同寻常，甚至堪称匪夷所思的实验。

冯特和他的两个学生围在一张小桌旁，将一个计时器、一个开关和一个精心设计的金属支架连接在一起。然后，他们把一个黄铜球放在支架上，一名学生把手放在开关上方几毫米处。几秒钟后，铜球从支架上自动落下，计时器开始计时。一听到铜球落在桌上的声音，那名学生就会用手猛地按下开关，计时器立即停止。冯特在笔记本上仔细记录计时器上的读数，创造出心理学历史上的第一个数据点集。

我们可能会想，在一两天的铜球实验后，冯特会合上笔记本，将研究结果写成实验报告，然后转向更为有趣的问题。这样的猜想合情合理，却并不符合事实。实际上，在接下来的几年里，冯特观察了数百人对这个实验的反应。就像物理学家致力于确定物质的基本属性一样，冯特和他的团队也致力于找到意识的基本组成因素。按照不同的要求，实验的一些参与者一听到球落在桌上的声音便要按下开关，而另一些参与者则要在完全感知到球落声时才按下。在第一种情况下，观察者要将注意力集中在球上，而在第二种情况下，观察者则需将注意力更多地集中在自己的思想上。冯特认为，在正常操作的情况下，第一种反应代表的是一种简单的条件反射，而第二种反应则更多涉及有意的选择。不难想象，刚开始的时候，许多参与者难以辨别这二者之间所谓的细微差别，因此需要先完成一万多次尝试，才能进入正式实验阶段。

对铜球实验的海量数据进行了苦心研读整理之后，冯特得出结论：条件反射反应平均用时 0.1 秒，但参与者对球落声的印象非常模糊。相比之下，参与者有意注意声音所用的平均反应时间为 0.2 秒，但他们对球落声的印象要清晰得多。

解开了条件反射反应之谜后，冯特在接下来的职业生涯中投身于数百项类似的研究。事实证明，他使用的方法产生了巨大影响，在涉及思维领域的研究上，19 世纪几乎所有学者都追随了冯特的脚步。在整个欧洲的心理学实验室里，铜球掉落在桌子上的响动，几乎淹没了研究人员独立思考的声音。

然而在大洋彼岸的美国，一位名叫威廉·詹姆斯的年轻哲学家兼心理学家却决意拒绝跟随潮流。

威廉·詹姆斯是一位非常了不起的人物。他于1842年出生在纽约市，其父是一位财务自由、人脉广泛、性情古怪的独腿宗教哲学家，将全部精力都投入到5个孩子的教育之中。因此，詹姆斯童年的大部分时间都在接受私人辅导，徜徉于欧洲顶尖的博物馆和美术馆，与亨利·梭罗、阿尔弗雷德·丁尼生和霍勒斯·格里利等名流往来。詹姆斯的哥哥亨利后来成了一名小说家，妹妹爱丽丝则成了一名日记作家。

詹姆斯早年习画，20多岁时放弃从艺，转而进入哈佛医学院，学习化学和解剖学。1872年，时任哈佛大学校长的家族好友查尔斯·艾略特聘请詹姆斯教授脊椎动物生理学课程。但詹姆斯很快就被人类心理领域的奥秘所吸引，并于1875年组织开设了美国第一门心理学课程。他事后表示："我此生听过的第一堂心理学课，就是我自己教授的第一堂心理学课。"

詹姆斯对冯特的研究工作之烦琐感到震惊，他坚信，心理学研究应该与人们的生活挂钩。他不再囿于铜球和反应时间，而是将注意力集中在一系列更有趣且更务实的问题上，包括信仰上帝是否正确、生命的意义何在，以及自由意志是否真的存在。

冯特和詹姆斯的不同之处，不仅在于两人研究人类思维的方法上——冯特拘谨而古板，他的演讲严肃庄重，写作沉闷而枯燥；詹姆斯却不拘小节、朴实谦逊，经常"戴着一顶真丝礼帽，拄着手杖，身穿双排扣长礼服和红格长裤"在校园里散步。詹姆斯经常在演讲中穿插笑话和轻松的题外话，以至于他的学生常觉得有必要提醒他严肃一些。他写的散文通俗易懂，不乏妙趣横生的语句如"只要还有一只可怜的蟑螂正在遭受单恋的煎熬，我们的世界就不能算是个道德的世界"。

另外，詹姆斯和冯特还形成了截然不同的工作方式。冯特会招募大批学生，参与由他严密控制的研究。进入冯特实验室的第一天，每位新来的学生都要排成一排，冯特则沿着队伍从头走到尾，给每个学生分发一份关于需要进行的研究的描述。工作一完成，他便会扮演起类似法官和评审的角色，只要报告的研究结果有违导师的理论，学生们就有被判不及格的风险。相比之下，詹姆斯则钟爱鼓励自由思想，讨厌把自己的思想强加给学生。他曾抱怨，他刚刚目睹一位同事"在学生面前涂完最后一层虚伪的粉饰"。

对于彼此之间的敌意，这两位伟大的思想家几乎毫不掩饰。詹姆斯习惯使用诗意的措辞，引得一些评论家称他"用小说家的笔触书写心理学论文"，而他的哥哥亨利则"用心理学家的笔触创作小说"。然而，冯特却对此瞧不上眼，被人问及如何评价詹姆斯的作品时，他回答："美倒是美，但这不是心理学。"作为回应，詹姆斯指责冯特每写一本书都会改变自己的理论，还表示："遗憾的是，他无论如何都不会愿赌服输……如果把他像蠕虫一样切成多段，那么每一段都能自己蠕动……这个人怎么

第一章　用行动制造快乐

样都杀不死。"

尽管支持人数远远不及冯特，詹姆斯仍然坚守自己的立场。在欧洲，几乎所有心理学家都痴迷于冯特经典落球实验衍生的更为艰涩的实验，而詹姆斯却继续穿着他的红格长裤徜徉于哈佛大学，鼓励学生思考生命的意义。

詹姆斯的坚持得到了回报。今天，打开任何一本现代心理学教科书，我们都很难找到提及冯特或其铜球实验的只言片语。而对比鲜明的是，詹姆斯却被视为现代心理学之父，其理念至今仍被广泛引用。詹姆斯的巨著《心理学原理》于1890年首次出版，分为两卷，前不久刚被一位著名历史学者誉为"有史以来最具文学素养和争议性，同时也最富智慧的心理学著作"。时至今日，这部巨著仍被视为现代行为科学学生的必读书目。哈佛大学心理学系以"威廉·詹姆斯"命名系里的大楼；美国心理科学协会每年都会颁发"威廉·詹姆斯奖"，旨在表彰在学术领域对心理学做出最重大贡献的学者。

詹姆斯最为突出的能力，或许要数从被大多数人认为理所当然的现象中发现奥秘和本质了。1892年，他认真思考了这种理解人类思维方法的意义，并列举了几个不久前引起他注意的现象：

> 我们为什么会在高兴时微笑，而不是愁眉苦脸？在一群人面前讲话时，我们为什么不能像与一位朋友交谈那样气定神闲？为什么某个妙龄少女会把我们迷得神魂颠倒？普通人

> 只会说："我们当然会微笑；看到一大群人的时候，我们的心当然会怦怦直跳；看到那个婷婷婉约、断然应永世得人宠爱的美人儿，我们当然会爱！"

正是这种思考方式，让詹姆斯创造了他最具争议的理论，也彻底颠覆了我们对人类心理的理解。

情绪之匙

19世纪80年代末，詹姆斯将注意力转向情绪和行为之间的关系。在门外汉看来，对一位世界知名的哲学家兼心理学家来说，这似乎是一个奇怪的选择。

常识告诉我们，某些事件和想法会让人产生情绪，而这种情绪进而又会影响到我们的行为。假如你不小心在深夜走上了一条伸手不见五指的街道，或被叫到老板的办公室得知加薪的消息，或是突然想起自己5岁时从楼梯上摔下来的情景，这些刺激都会导致我们感受到某些情绪。或许黑暗的街道会让你感到焦虑，加薪让你感到快乐，而摔下楼梯的记忆则让你感到沮丧。最后，这些情绪会影响到你的行为。恐惧的感觉可能会让你出汗，快乐的感觉可能会让你微笑，沮丧的感觉可能会让你哭泣。从这个角度来看，感觉和行为之间的联系一目了然、乏善可陈。如果就这样真相大白，我们也就没有继续探讨的必要了。

第一章 用行动制造快乐

行为与情绪

常识告诉我们,情绪会导致行为:

焦虑 ——→ 出汗

幸福 ——→ 微笑

难过 ——→ 哭泣

然而,通过看似"直截了当"的心理学现象,詹姆斯清楚地意识到,传统智慧往往具有极大的误导性。以詹姆斯关于记忆的研究为例:多年来,只会纸上谈兵的哲学家提出,记忆的运作原理与肌肉很相似,记的东西越多,记忆力就越强大。詹姆斯想知道这种说法是否真的准确。为了找到答案,他花了8天时间,记录自己背诵维克多·雨果《萨蒂尔》一诗前158行的用时,发现他背诵每行平均用时50秒钟。为了进一步锻炼自己的记忆肌肉,在接下来的20天里,他每天都会花20分钟时间背诵弥尔顿的史诗《失乐园》的第一卷。詹姆斯假设,如果"记的东西越多,记忆力就越强大"这条理论属实,在继续背诵《萨蒂尔》的时候,他应该可以用比之前更短的时间记住接下来的158行。事实上,当他尝试记忆这首诗的另一部分时,却发现花的时间比之前更长。原来,"记忆的运作原理和肌肉相似"的假设是错误的。

詹姆斯想要探索,在人们对于情绪的这套普遍接受的理论之外,是否还存在一种不同的可能性。作为探讨这一可能性的第一步,他对人们判断他人情绪的方法进行了思考。

请看下面的照片,试着想象照片中两个人的感受。

图 1-1

现在请看下面的照片,同样想象出照片中人物的感受。

图 1-2

在大多数人看来,这个练习很简单。几乎所有人都认为,

图 1-1 中的两个人看上去相处融洽，而且很可能心情愉快且稍有一些互相吸引。图 1-2 引出的反应则截然不同，大多数人得出的结论是，这群人很可能正在为什么事情而担心焦虑，其中至少有一人似乎需要短暂休息一下。

这个简单的练习的起源，是传奇博物学家查尔斯·达尔文在 19 世纪中期开创的一项实验。达尔文一生出版了 22 部著作，比如具有开创意义的《物种起源》，以及不大为人所知的大部头《腐殖土的产生与蚯蚓的作用》。1872 年，达尔文发表了一篇具有颠覆性的关于情绪的文章，题为"人和动物的情绪表达"，描述了针对情绪进行的首次心理学研究。

此前，一位名叫阿芒·迪谢纳的法国医生，曾通过对参与者面部肌肉进行痛苦电击的方式，研究过人的面部结构。看到迪谢纳实验的照片时，达尔文发现自己竟能如此轻易地将情绪与参与者的表情联系起来，对此大为震惊。出于好奇，达尔文把一些照片给他的朋友们看，并让他们说出参与者表现出的是哪种情绪。和他一样，朋友们也能毫不费力地将某些表情与具体的情绪联系起来。这件事证明，通过分析他人面部表情来了解其感受的能力，是根植于我们大脑之中的。

詹姆斯读到了达尔文的实验，并将其作为自己关于情绪新理论的基础。达尔文已经证明，人们非常善于通过面部表情来了解他人的感受。而詹姆斯想要知道，人们在感受自身情绪的时候是否也遵循同一种机制。他提出，我们既然可以通过观察别人的面部表情来分析其感受，也同样可以通过观察自己的表情来判断应该体验怎样的情绪。

詹姆斯最初认为，任何情绪都是人们观察自己的行为后得出的结果。从这个角度出发，人们从不会因为快乐而微笑，而是因为微笑而感到快乐。（或者，用詹姆斯更富诗意的说法来解释他的激进假设"你不会因为害怕熊而逃跑，而是会因为逃跑而对熊心生恐惧"。）把手从火旁抽离，因为听到笑话而发笑，以及看到一只愤怒的熊时转身就跑，这些都是本能的生理反应。针对身体如何在面对刺激时产生本能的生理行为，以及大脑如何在感知该行为后瞬间产生情绪，詹姆斯进行了明确的区分。看到熊，我们的身体会做出跑动的行为，大脑则会做出"我害怕"的判断。而距今较近的对于詹姆斯理论的诠释，则认为情绪和行为之间的关系是双向的。例如，人们会因快乐而微笑，但也会因微笑而感到更加快乐。

詹姆斯从未正式验证过自己的理论，因为在他看来，这些实验不但无趣，对人类智力也没有什么挑战——"一想到涉及铜管器具和代数方程式的心理学，我就不寒而栗"。然而，作为一个干劲十足的实用主义者，他抓紧时间，对这一理论潜在的现实意义进行了探索。

行为引起情绪的理念表明，只需表现出体验到某种情绪的样子，我们就应该能够创造出相应的感受。或者，就如詹姆斯的那句名言所说："如果你想拥有某种特质，就表现得你仿佛已经具有这种特质一样。"我把这个简明而有力的理念称为"装假成真"原理（As If principle）。

第一章 用行动制造快乐

行为和情绪

常识告诉我们，因果关系的链条如下：

因为感到高兴 ——➤ 所以微笑

因为感到害怕 ——➤ 所以逃跑

"装假成真"原理告诉我们，反推也同样成立：

因为微笑 ——➤ 所以感到高兴

因为逃跑 ——➤ 所以感到害怕

在詹姆斯这条理论中，这一因果关系显然是他本人最关注的。在一次公开演讲中，他将这个想法的潜力描述为"瓶中的电光"，并激情澎湃地指出："……想要获得快乐，最有效的积极主动的途径……就是开开心心地坐直身体，开开心心地环顾四周，用愉快的姿态行动和说话……试图抵抗糟糕的情绪，只会使得我们将注意力集中在此，让这种情绪更深地扎根于心里。"

詹姆斯的理论遭到了一些同行的批判。威廉·冯特就严厉地谴责了这一观点，称之为"冒牌心理学理论"，并提出了他自己对情绪的解释。他认为情感是一种"存在于情绪领域、与心智领域的感受相对应的无法分析的简单过程"（谁能读懂这样的"天书"）。詹姆斯针对自己的立场进行了辩护，但事实证明，这一理论对他的许多较为传统的同事来说过于前卫，很快就被束之高阁，并打上了"太过超前"的标签。

在那里，它被尘封了60多年。

2

"装假成真"原理的神奇功效

20世纪60年代末,一位名叫詹姆斯·莱尔德的年轻学者正在罗切斯特大学攻读临床心理学博士学位。在学校的一次培训课程期间,莱尔德需要与一位患者进行对谈,导师则透过一面单向玻璃观看。在对谈过程中,患者的脸上一度浮现出一种不同寻常的微笑。莱尔德对患者的微笑很感兴趣,想知道他做出这种奇怪的表情时,心里是什么感受。

开车回家时,莱尔德在脑海中回忆了对谈的过程,对那个微笑产生了浓厚的兴趣。最后,他强迫自己也摆出同样的面部表情,想要知道这是什么感觉。而他惊奇地发现,这个微笑立刻让他变得愉悦起来。出于好奇,他试着皱起眉头,却突然觉得难过起来。开车回家路上的那几个奇特时刻,扭转了莱尔德的整个职业生涯。当天晚上回到家,莱尔德径直走到书架前,查找有关情绪心理学的相关信息。说来也巧,他读到的第一本书,便是威廉·詹姆斯的《心理学原理》。

第一章 用行动制造快乐

莱尔德读到了詹姆斯失落已久的理论，意识到这或许就是在车里微笑使他心情更加舒畅的原因。他还惊奇地发现，这一理论只在历史书上出现过，而从未得到过充分的检验。为了检验，莱尔德邀请参与者进入他的实验室，让他们做出微笑或皱眉的表情，然后报告他们的感受。根据詹姆斯的理论，那些保持微笑的人应该比强迫自己皱眉的人快乐得多。

然而，莱尔德担心参与者可能会有意给出他想听到的结果，他想要找一种方法，在掩饰实验真实意图的同时让人们做出微笑或皱眉的表情。最终，他想出了一个绝妙的托词。

他告诉参与者，他们即将参与一项研究面部肌肉电活动的实验，并在参与者的眉间、嘴角和下颌关节处放置电极。然后他解释说，参与者的情绪变化可能影响实验结果，为了排除这种可能的误差来源，参与者需要在实验期间报告自己的情绪变化。

电极是假的，但假借这个巧妙的托词，莱尔德便可以在暗中操纵参与者的面部，让他们做出或微笑或皱眉的表情。为了摆出生气的表情，研究人员要求参与者将两眉之间的两个电极向下方和中间牵拉，还要通过咬紧牙关来收缩下颌上的电极。为了制造快乐的表情，参与者则需要把嘴角的两个电极往脸后扯。

在参与者按照要求摆出表情之后，研究人员给他们出示了一份清单，上面列着一系列情绪（如挑衅、焦虑、喜悦和悔恨），并要求他们针对每种情绪的感受强度打分。结果让人一目了然。正如詹姆斯在 20 世纪初所预测的那样，强迫自己摆出笑脸时，参与者会明显感到更加快乐；而在皱眉时，则会明显感到更加愤怒。

研究结束后,莱尔德向参与者提问,看他们是否知道为什么会在研究期间感受到不同的情绪。只有一小部分人将这些新体验到的情绪状态归因于有意摆出的表情,其余的人则对自己情绪的转变一头雾水。在其中一次对谈中,一位皱起眉头的参与者解释:"我虽然并不生气,却总发现思绪不由自主地游离到让我生气的事情上。想想看,这事儿真的挺可笑的。我知道我正在参与实验,也知道我没有理由生气,但不知为什么,我就是没法控制住怒火。"

如何瞬间获得好心情

大约在20世纪初,俄国戏剧导演康斯坦丁·斯坦尼斯拉夫斯基创造了方法派表演技巧,彻底颠覆了戏剧界。他使用的方法的关键点,就是控制演员的行为,从而帮助他们在舞台上体验到真实的情绪。这种技巧通常被称为"神奇假设法",即"假设我真的体验到了这种感觉,会有什么举动"。此方法已被包括马龙·白兰度、沃伦·比蒂和罗伯特·德尼罗在内的一批著名演员所采用。

利用这种技巧,人们在实验室实验中对"装假成真"原理进行了探索。让我们想象一下,你正在参与一项检验"装假成真"原理的研究。研究开始时,你被要求从1(刚刚掉进下水道的感受)到10(看到最厌恶的宿敌掉进下水道的感受)之间选一个数字,为自己的快乐程度打分。

接下来,你需要做出微笑的表情。然而,想要表现出快乐,你就不能仓促地硬挤出毫无感觉的微笑,而是要按下面的指示去做。

(1)坐在镜子前。

(2)放松前额和脸颊的肌肉,两唇自然微张。在科学界,这时你脸上的表情被称为"中性",就像一张空白的画布。

(3)将嘴角附近的肌肉朝双耳的方向后拉。嘴咧得越宽越好,尽量通过脸颊的活动在眼周挤出皱纹。最后,将眉部肌肉向上微抬,将这个表情保持20秒左右。

(4)放松面部表情,然后体会自己的感受。

你是否比开始之前更快乐了?用从1到10的"掉进下水道心情量表",你给现在的心情打多少分?大多数人表示,这个练习让他们感到更加快乐。正如威廉·詹姆斯在一个多世纪前预测的那样,改变面部表情的几秒钟时间,就会对我们的心情产生巨大的影响。

为了提高快乐指数,请把这种微笑的方法融入日常生活。你可以画两幅开怀大笑时的自画像,通过这种有趣的方式来提醒自己笑口常开。将其中一幅画在一张A4纸上,另一幅画在一张大约5厘米见方的小纸片上。尽量画得幽默、喜悦一些。最后,把

> 大幅画像放在家中显眼的地方,把小幅画像放在钱夹或钱包里,让自己记得绽放笑颜。

为了确保这一神奇效果的真实性,其他科学家也着手尝试复制莱尔德的开创性实验结果。其他实验室并没有复制在参与者脸上放置假电极的借口,而是各自编出了不同的托词。

摄影师会让人说"茄子"来展露笑容,受此启发,密歇根大学的研究者让参与者不停发出"子"的声音(即咧嘴发出"zi"音),从而展露出笑容;抑或通过发出"呦"的声音(即噘嘴发出"ou"音),展露出厌恶的表情。

华盛顿大学的心理学家将一根高尔夫球钉固定在参与者两眉之间,让他们做出两种面部表情中的一种。其中一组参与者需要将眉毛下拉并相交,使高尔夫球钉两端相触,从而做出不悦的表情。另一组参与者则需要确保高尔夫球钉的两端不能相碰,从而表现出更加中性的表情。

在堪称此类研究中最著名的一项实验里,德国研究人员告诉参与者,他们正在研究一种教颈部以下瘫痪患者学会写字的新方法。其中一半的参与者需要用牙齿水平咬住一支铅笔(强迫面部呈现笑容),而另一半的参与者则需要用嘴唇衔住铅笔(强迫做出皱眉表情)。

那些持续发出"子"音、确保两眉间的高尔夫球钉不相触,或是用牙齿咬着铅笔的参与者,瞬间感到心情好了许多。一次又一次，这些实验验证了莱尔德实验结果的真实性及詹姆斯理论的正确性。我们的行为的确会影响我们的感受，因此，正如"装假成真"原理预测的那样，随心所欲地制造情绪是可能实现的。

受到这些研究结果的鼓励，兴奋不已的研究人员开始探索起这一原理对身体和大脑的影响。

改变面部表情，就能改变你的情绪

加州大学的保罗·埃克曼倾尽整个职业生涯，致力于面部表情与情绪的研究。在这段漫长而杰出的职业生涯中，他创作了一份面部表情的权威指南（一篇长达500页的论文，展示了人类43块面部肌肉如何组合出数千种表情），为全球执法机构提供了通过面部表情判断某人是否在说真话的最可靠方法，并担任了热门美剧《别对我撒谎》的科学顾问。

在职业生涯初期，埃克曼便听说改变面部表情可以让人感到或放松或愤怒。他对此深深着迷，想要探索"装假成真"原理会对人的身体产生怎样的影响。而他所获得的显著成果，无疑是对詹姆斯理论的一种致敬。

埃克曼邀请志愿者进入他的实验室，连接一种能够持续监测其心率和皮肤温度的机器。接下来，他要求每位参与者执行两个任务。第一个任务要求参与者回忆人生中一件令人气愤的事件，需要他们在脑中尽量鲜活地重现当时的场景，目的是激起内心的愤怒。第二个任务只要求参与者表现出愤怒的面部表情（双眉下压、绞在一起，抬起上眼睑，撅起下嘴唇，双唇抿在一起）。实验人员选择了不同的事件和面部表情，从而调动起参与者包括恐惧、悲伤、快乐、惊讶和厌恶在内的不同情绪。

不难想象，调动起触发情绪的回忆能够导致参与者生理上的某些反应。例如，恐惧会带来心率的提高和体表温度的降低，快乐能带来心率的降低和体表温度的提高。值得注意的是，单纯做出面部表情的人也会呈现出同样的生理反应：做出恐惧面部表情时，参与者的心率会急速上升，而体表温度则会下降；而面带微笑时，参与者的心率会出现下降，而体表温度则会升高。

埃克曼想要知道，这一机制是不是人类心理中所"固有"的特质，于是便带领团队来到大洋彼岸，在印度尼西亚西部一个偏远岛屿的居民身上重复了这项实验。实验结果与在西方世界进行的实验一模一样，这表明"装假成真"原理并非西方文化的结果，而是人类进化过程中根深蒂固的产物。

埃克曼的研究结果表明，做出体验某种情绪时的表情，不仅能影响我们的心情，还会对我们的身体产生直接而强烈的影响。

以这项工作为基础，前不久，研究人员利用最新技术探索了"装假成真"原理对大脑产生的影响。

如果研究人类最靠近脊椎顶端的大脑区域，我们会发现脊髓两侧各有两块杏仁状的组织。这就是"杏仁核"（从拉丁语中的"杏仁"一词发源而来）。杏仁核作为大脑中一块体积虽小但四通八达的结构，几乎对我们日常生活的方方面面都起着关键的作用。杏仁核对于情绪体验至关重要，尤其是恐惧这种情绪。

不久前,科学家对一位被称为"SM"的奇特患者进行了研究,向我们展示了这颗感受恐惧的"杏仁"对这种情绪所起的重要作用。SM 患有一种叫作"皮肤黏膜类脂沉积症"的疾病,这是一种能够导致杏仁核退化的罕见遗传性疾病。科学家在对 SM 进行采访后注意到,在描述生活中的几段经历时,本该感到恐惧的她却丝毫没有表现出这种情绪。其中,最惊心动魄的可能要算 SM 在当地公园遇袭的不幸经历。当时,袭击者用刀抵着她的喉咙,威胁要杀她。SM 说,她并没有感到恐惧,而是注意到附近有一座教堂,并且平静地说:"如果你要杀我,必须先经过上帝和天使的允许。"袭击者不知所措,立刻把她放走了。

饶有兴趣的科学家开始试图吓唬这位患者。他们带她去了一家珍奇宠物店,让她触摸蛇和蜘蛛。她不仅毫无反应,还想要去触碰更加危险的动物,好在被拦了下来。接下来,科学家带她去了一座据传"闹鬼"的房子,让她观看了许多恐怖电影的片段,但她仍然麻木不仁。这件事告诉我们,正常运转的杏仁核对于恐惧体验起着至关重要的作用。

几年前,科学家决定对詹姆斯的假设进行一次终极测试。他们对参与者进行脑部扫描,并要求他们扭曲面部,表现出恐惧的表情。与几十年前的心理学研究不同,参与者不必跟实验人员讲述他们的感受,研究人员只需直接观察参与者的大脑内部,如果能看到高度活跃的杏仁核,便可得出结论,判断参与者的确发自内心地感受到了恐惧。通过这种方法,研究人员获得了终极证据,确定人们"装"出来的行为的确能够对大脑产生直接的影响。

"装假成真"原理成了全球实验室用来制造快乐的工具,并具有瞬间影响人们身体与大脑的功能。然而,这一原理能否在现实世界中起到效用,又是否具备让所有人都快乐起来的威力呢?让我们一起拭目以待。

每天微笑几秒钟

在职业生涯中,我组织过几次大众参与的实验。这些研究的参与者达数万人,我们对各种主题进行了探讨,包括说谎时的心理、被告的外表如何影响陪审团的判断,以及人们能否辨别低价和高价红酒之间的不同(答案是不能)。

几年前,我在英国各地组织了一项数千人参加的关于幸福的大规模调查。心理学家创造了各种提高幸福感的方法,我想在其中找出最有效的一项。另外,有研究表明,快乐可以像传染病一样在人群中扩散,相互感染彼此的情绪。因此,我想探索,成千上万的快乐民众是否可以形成一种催化剂,带动整个国家的人心情愉悦!

在研究开始之前,我先在全英范围进行了一次衡量国民情绪的调查。每位参与者都需要用从 1 到 7 的数字为自己的快乐程度打分,其中 1 表示"一点儿也不快乐",7 表示"非常快乐"。45% 的参与者为自己打出了 5 分、6 分或 7 分。

之后,研究结果在国家媒体上公布。所有有兴趣参与的民众都被邀请访问发起这项调查的网站,为自己的快乐程度打分,共有 26 000 多人给出了回应。所有参与者都被随机分配到几个小组中,并按要求完成各种旨在提升心情的练习。其中几个小组进行的是最流行的积极思考练习,如调动感恩之情或是回忆快乐时光;在其余的小组中,一组参与者则需要遵从詹姆斯的建议,每天微笑几秒钟。

一个星期之后,参与者重新访问网站,再次为自己的快乐程度打分。幸福感提高程度最大的,是那些改变自己面部表情的参与者。这项有力的证据表明,在实验室之外,"装假成真"原理也同样能够激起持久而强烈的情绪。

研究结束后,我们又进行了一次全英幸福指数调查。同样,参与者要用 7 分制为自己的快乐程度打分,这一次,52% 的人把自己划入了"较为幸福"的行列。假设英国有 6 000 万人口,7% 的增长率意味着超过 400 万人认为自己在研究结束后更加快乐。我们无法确切知道,这一增长是不是我们的幸福计划带来的结果,但是,那段时间并未出现如日照量突然增加、降雨量下降,或是非常振奋人心的新闻故事等有可能影响国民情绪的因素。因此我们倾向于认为,给全英人民带来好心情的,正是威廉·詹姆斯的研究成果。

3

能够让你瞬间快乐的言行举止

　　威廉·詹姆斯推测，不止微笑会让人感到更加快乐，包括移动和说话方式在内的各种行为因素都能影响心情。为了检验这一理论是否正确，心理学家开始研究走路与讲话方式对心情的影响，看看我们是否真的"表里如一"。

　　研究表明，人类只有少数几种核心面部表情，同样，基本的走路方式也只有6种。举例来说，大步走的人迈步很大，走路带有弹跳性，手臂前后摆动。相比之下，拖脚走路的人往往步子小，走路耷拉着肩膀。研究还表明，人们会将不同的走路方式与不同的情绪联系起来，认为"大步走的人"心情愉悦，"拖脚走的人"则情绪低落。

　　来自佛罗里达大西洋大学的心理学家萨拉·斯诺德格拉斯想要知道，改变一个人走路的方式是否会对其心情产生影响。斯诺德格拉斯托词研究体育活动对心率的影响，要求参与者以两种方法中的一种走路3分钟。其中一半的参与者需要迈大步子，摆动手臂，高昂起头；而另一半人则被要求迈着小步，拖着脚走，双眼紧盯双脚。在"重演"了现实版的蒙提·派森剧团的《愚蠢的步行》之后，每个人都要为自己的快乐程度打分。实验表明，迈开大步的参与者要比拖步走的参与者快乐得多，从而验证了"装假成真"原理的威力。

除此之外，"装假成真"原理也能促进人们在见面后立即变得更加熟络。来自海德堡大学的扎比内·科赫着迷于运动对大脑的影响，她对舞蹈心理学的研究表明，动作流畅柔滑的人会感到更加快乐，而动作僵直生硬的人则容易情绪低落。科赫意识到，想要说服人们在日常生活中与心中"跳舞的羚羊"同频并不容易，于是，她将注意力转向了一种更贴地气的行为：握手。

科赫训练了一组实验人员，让他们用两种方法中的一种与参与者握手：其中一些实验人员学习用流畅的动作握手，而另一些实验人员则要生硬地上下晃动对方的手。然后，这支由勇敢实验人员组成的"精锐部队"与近50名参与者握手。每次握手后，科赫都会询问参与者感觉如何。结果显而易见：与那些和动作生硬者握手的参与者相比，和动作流畅者握手的参与者更加开心，与对方更亲近，并认为对方更讨人喜欢和开朗直率。流畅的握手动作让参与者表现出与快乐相关的行为，这不仅振奋了他们的情绪，也让他们更想再次见到刚刚遇到的人。

如何有效握手

扎比内·科赫的研究结果,可以用来帮助我们打造积极的印象。科赫训练实验人员分别用流畅和生硬的方法与参与者握三次手,发现这两种方式会产生截然不同的影响。想要模仿科赫的流畅握手法,你可以握住某人的手,然后动作流畅地上下缓慢移动你的手。相比之下,生硬握手法则需要你将手突然下移,保持片刻,然后再迅速向上抬起。起初,这些动作会显得做作而奇怪,但经过练习便会逐渐变得自动而自然起来。尽可能准确地重现流畅的手部动作。一旦自信掌握了这种科赫式的新技能,就请在现实生活中多加运用,掌握流畅的握手方式,给人留下好印象吧。

其他一些研究也考察了我们说话的内容和方式是否会影响情绪。

20世纪60年代末,美国临床心理学家埃米特·费尔滕想在实验室打造一种制造快乐的简单便捷的方法。费尔滕想要知道,如果人们在说话时表现出快乐和自信的样子,会产生怎样的效果。为了找到答案,他召集了一组参与者,将他们随机分为两组,并给每组人员发放了一叠卡片。

在第一组参与者拿到的卡片中,第一张卡片上的文字告知他们将看到一系列语句,需要将每一句大声读出来。第二张卡片上写着第一个句子:"今天不比任何一天更好,也不比任何一天更差。"参与者按照要求把这句话大声读了出来,然后把卡片翻过来,继续读第二句话:"但是,我今天的心情还不错。"就这样,实验参与者渐渐读完了60张卡片,而卡片上的陈述也变得越来越积极正面。

第二组参与者也需要阅读一系列陈述,但这些陈述的目的并不是让他们说出积极的话。因此,这些参与者在实验过程中朗读了各种事实,包括"土星有时会与地球和太阳相合,土星被挡在太阳之后,因此我们看不见""东方快车在巴黎和伊斯坦布尔之间行驶""希望钻石是通过普通邮寄方式从南非运到伦敦的"等。

在实验的最后,费尔滕要求所有参与者为自己的快乐程度打分。结果表明,那些对自己做出积极评价的参与者心情愉悦;相比之下,那些思考土星、东方快车和希望钻石的参与者的情绪没有什么起伏。

费尔滕的研究结果为其他心理学家带来了希望,他们很快借鉴了这种方法。现在,世界各地的实验人员都会用这种方法为参与者制造好心情。

然而,其他实验不再只让参与者阅读单个语句。在另一项研究中,夏威夷大学的伊莱恩·哈特菲尔德与同事让一组参与者阅读了一段简短的文字,文中描述的是朋友为他们举办生日惊喜派对的虚构场景。另一组人员阅读的文字,则是描述刚刚听说家人确诊疾病的场景。

两段不同的文字对参与者的情绪造成了影响，相比之下，阅读描述快乐场景文字的参与者要比阅读讲述家人患病场景文字的参与者情绪高涨得多。可见，让参与者在讲话时表现出或愉悦或消沉的样子，能够对他们的情绪产生实质性的影响。

"装假成真"原理不仅是让大家摆出笑脸，而且是将其应用于日常行为的方方面面，包括走路的方式以及所说的话语。这些发现让研究者兴奋不已，他们很快着手研究，如何利用这一原理让人们瞬间快乐起来。

说些开心的事

我们真能通过与自己对话来获得好心情吗？尝试以下两个练习，看看你能不能做到。

首先，大声读出下面的句子。尽量用令人信服的语气，仿佛你在自然地对朋友倾诉。不要急于读完，要慢慢地读，在句子与句子之间暂停一会儿。大多数人刚开始会觉得这个要求很奇怪，但很快就会适应。

（1）我今天感觉好得出奇。

(2) 我觉得我能成功。

(3) 大多数人都对我很友好，我很开心。

(4) 我知道，如果下定决心做好一件事，往往就有好的结果。

(5) 现在，我充满了干劲。

(6) 此刻的我感觉浑身是劲，而且很享受正在做的事情。

(7) 今天的我感觉特别有效率。

(8) 此时此刻，我很乐观，感觉能跟遇到的所有人都友好相处。

(9) 今天我的心情很好，觉得这个世界也很美好。

(10) 现在的我情绪高涨，富有创意，满脑子都是好点子。

(11) 我很确定，我的许多朋友都会永远支持我。

(12) 我觉得我的生活尽在掌控之中。

(13) 我的心情很好，真希望有人来演奏一段美妙的音乐助兴。

(14) 我很享受正在做的事情，感觉很棒。

(15) 我今天精力特别充沛！

现在，你的感觉如何？大多数人在读完这些文字之后，都会感到幸福感骤增。

现在，试着大声朗读下面的段落。同样，尽量让语气自然而充满热情。想象自己正在和朋友通电话，或许会有所帮助。你也可以即兴发挥，创造出一段描述美好体验的文字。

真是美好的一天。今天是我的生日，你绝对猜不到发生了什么好事。今天傍晚，我受邀去朋友家玩，进门时，我发现他为我安排了一场惊喜生日派对！这简直太棒了。我认识的几乎每个人都在场，还有一些人为了参加派对做了不少牺牲。他们为我烤了蛋糕，给我带了礼物，还合唱了生日歌。这一天我一辈子都会记得，能有这样的朋友，我真是三生有幸。

纵情大笑吧

1995年，马丹·卡塔利亚医生还在印度孟买做家庭医生。他在杂志上读到了一篇关于笑的科学文章，了解到笑对身体的益处，于是决定为人们的生活带来更多的笑声。

卡塔利亚制订了一个奇特的计划。一天早上7点钟，他来到当地的公园，说服了4个人彼此讲笑话，然后一起开怀大笑。大家都很享受这个过程。于是，卡塔利亚决定在接下来的一个星期里继续进行这种活动。团体很快就壮大起来，参与人数超过了50人。就这样，卡塔利亚创立了世界上第一个大笑俱乐部。

在最开始的聚会上，大家站成一圈，每人轮流讲一个笑话。起初，一切都进展得很顺利，但几个星期之后，正经笑话就弹尽粮绝，内容越发不健康。一次，两名女性因为听到了含有性别歧视内容的笑话而威胁离场，笑声也戛然而止。于是，卡塔利亚开始探索用其他方式让人们的脸上绽放笑容。

最终，他灵光一闪，想出了一个改变世界的妙招。他想知道，如果人们能在没听到笑话时放声大笑，是否也能享受同样的好处。最初，大笑俱乐部的成员对这种方法持怀疑态度，但最终还是同意暂时把老套的笑话放一放，尝试卡塔利亚的新方法。结果，小组中的许多成员都发现，一旦像听到了笑话一般开怀大笑，自己的心情便奇迹般地变得愉悦起来。很快，这种情绪就传播开来，没多久，几乎所有人都哈哈大笑起来。卡塔利亚的这种新方法效果奇好，很快，相关的消息便传播开来，大大小小的大笑俱乐部也在世界各地如雨后春笋般涌现。

新泽西州菲尔莱狄更斯大学的心理学家查尔斯·谢弗对这种方法产生了兴趣，他想知道，像听到笑话一样开怀大笑的行为是否真的会给人们带来好心情。作为实验，谢弗设立了自己的"大笑俱乐部"，比较了大笑和微笑产生的不同效果。

他将参与者分成三组。其中一组参与者要花一分钟的时间微笑，而另一组参与者需要用同样的时间放声大笑。谢弗担心第二组参与者的结果会被捧腹大笑引起的身体活动所影响，因此，他想让第三组参与者执行一项同样需要活动身体但与快乐无关的任务。他绞尽脑汁，最终决定让第三组参与者像狼一样嚎叫。

这样的对照虽然巧妙，但"像狼一样嚎叫"的要求并非毫无漏洞。起初，这一组的学生有些不知所措，不知如何才能最好地释放出"内心的狼人"。为了解决这个问题,谢弗站在大家面前,亲自演示如何像一匹狼一般对着月亮嚎叫。他事后表示,看到一位资深教授如此放得开,学生们很快就不像之前那么局促了。

一阵微笑、大笑和嚎叫之后,谢弗让每个人对自己的情绪进行评估。结果表明,表现得更快乐的学生,心情也更好。微笑的人心情有所改善,而放声大笑的人则会情绪高涨。像狼一样嚎叫对幸福感的影响微乎其微,这表明大笑的效果不是身体活动带来的。就这样,威廉·詹姆斯理论的正确性再次得到了证明。然而,谢弗并没有调查第三组学生是否对狗粮产生了奇怪的兴趣,或是对银弹感到莫名的紧张,这不得不说是"错失了良机"。

谢弗的研究揭示了大笑俱乐部人气如此高涨的原因。微笑会让人感到心情愉悦;同理,表现出遇到开心事的样子,也会为身心带来与开怀大笑一样的好处。

你笑,世界也跟着你笑

每个大笑俱乐部所用的方式各有不同,但以下这些简略的描述,能为大家介绍一些基本方法和练习。

首先，一群人围成一个圈，人与人之间相距 10 厘米左右。然后，由小组中的一名成员担任领导者的角色，站在圆圈的中间。

整个过程大概持续 20 分钟，包括各种练习，每个大约持续 40 秒。以下是一些比较常见的练习。

放声大笑练习：每个人都大声重复"吼吼哈哈"，每喊一声"吼"和"哈"，都要拍一下手。应从腹部发声，而不只是从嗓子发声。在整个练习过程中，每个人都应尽量保持面带微笑。这个练习通常用作热身活动，或是穿插于其他练习之间。

渐强渐弱：大家围成圈，每个人都拉起手来。领导者说"现在开始"后，大家开始安静地咯咯笑。然后，领导者示意大家向圆圈中心走去。越往前走，大家就要笑得越大声。大家接近圆圈中心时，领导者示意退回，大家回到原来的位置，继续安静地咯咯笑。

驯狮练习：每个人都模仿狮子状，把舌头完全伸出来，尽可能张大嘴巴和双眼，像举起狮爪一样举起双手。随着领导者的命令，每个人都要像狮子一样咆哮 20 秒。

蜂鸟练习：两人一组，抿起嘴唇，尝试一边发出蜂鸣声一边大笑。在整个过程中，尽量与同伴保持眼神交流。

嘲笑练习：领导者将圈子分成两组。两组成员面对面大笑，可以用手点指另一组的成员。如果小组成员有自卑或偏执心理，则不建议参与这项练习。

唱吧，跳吧

在对欢笑进行了一系列严肃认真的科学研究后，心理学家开始关注其他令人愉快的体验带来的影响，其中包括尽情舞蹈的威力。

快乐的人热爱跳舞，但是跳舞能让人感到愉快吗？为了寻找答案，韩国庆北大学的金圣云征集了大约300名学生进行研究。研究人员将学生分成四组：第一组参加一小时的有氧运动课程，第二组参加体能训练课程，第三组上了一节有趣的街舞课，第四组则去滑冰。运动完之后，每个参与者都要填写一份关于情绪的问卷。众所周知，运动会释放出一种名为内啡肽的愉悦激素，因此会让人感到快乐。所以研究人员预计，所有参与者在运动后都会感觉情绪振奋。但是，参加街舞课的人会感到心情格外舒畅吗？实验结果表明，那些跳街舞的参与者的幸福感是四组中最高的。

给人带来好心情的活动，不只有街舞。我在赫特福德大学的同事彼得·洛瓦特博士，对各种舞蹈进行了深入探索。被英国媒体誉为"舞蹈博士"的洛瓦特，针对舞蹈的方方面面进行了一系列研究，包括身体对称的人是否更擅长跳舞（的确如此），以及为什么看自己的父亲跳舞会让我们尴尬（因为他们往往高估了自己的能力）。几年前，洛瓦特进行了一项为期10周的实验，研究舞蹈对情绪的影响。每个星期，他都会在学校召集一群兴致勃勃的参与者，教他们一种新的舞蹈，然后让他们对自己的情绪进行

第一章 用行动制造快乐

评估。无论学习的是狐步舞、弗拉门戈舞、莎莎舞还是摇摆舞,所有人都很享受这个过程。研究结果再次让我们看到,表现出快乐的样子会让参与者心情更好。苏格兰乡村舞和排舞等舞蹈不具有竞争性,因其动作重复而简单易学,实验证明,这样的舞蹈更有利于制造出好心情。

快乐工厂

首先,花一点儿时间列出 9 项让你心情愉悦的活动。以下几个问题,可以给你启发。

- 你喜欢和别人共处吗?如果是,在你的朋友和同事中,你觉得和谁在一起最有趣?你最喜欢参加什么样的社交活动?比如说,你是愿意和密友喝杯咖啡,走亲访友,还是和一大群同事出去跳舞?
- 你最大的兴趣爱好或最热衷的运动是什么?你享受在乡间长途漫步、绘画、摄影、跳伞或参观博物馆吗?如果有一整晚的空闲时间,你是愿意去电影院,待在家里看书,看马戏表演还是去剧院?
- 当你还是个孩子的时候,你是怎么找乐子的?你喜欢跳绳、跳舞、烘焙、搭帐篷玩过家家、看漫画、玩树叶还是画画？

- 你喜欢帮助别人吗？比如为当地的慈善机构工作，或者在当地的医院帮忙？给街头无家可归的人一些经济救助，向陌生人或朋友伸出援手时，你是什么感觉？
- 你能否从发生在自己身上的任何一件事中挖掘到积极有趣的一面？你爱玩无厘头的游戏吗？喜欢嬉戏玩乐吗？有没有哪个人或哪件事会鼓励你表现出这一面呢？

接下来，把下一页撕下来，在每个方框里写下一项你选择的活动。

其次，沿着虚线把纸撕成九小片，再把每一小片团成团。

最后，把纸团装进盒子或袋子里。每周的第一天，随机选择一个纸团，务必在接下来的7天内每天坚持。

第一章 用行动制造快乐

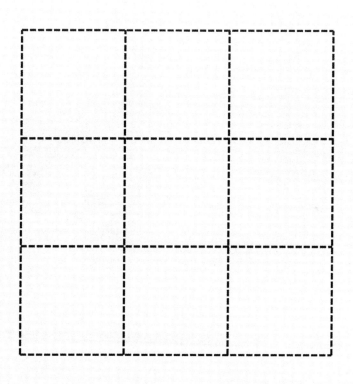

正能量

第一章 用行动制造快乐

即便你跳舞同手同脚，也不用担心，你总能唱首愉快的歌吧。

17世纪西班牙小说家和诗人米格尔·德·塞万提斯就是这么认为的，他说："唱歌能吓跑疾病。"但是，塞万提斯是否真的言之有物呢？

来自英国坎特伯雷大学的音乐学家格伦维尔·汉考克斯是一位世界一流的单簧管演奏家、指挥家和研究者，他想探索音乐对人会产生什么影响，于是组织了几次大规模的研究，看看唱歌是否真的能让人快乐。在其中一项研究中，他对500多名合唱队成员进行了采访。研究的结果非常明确：唱歌的确能让人感到快乐。

通过更加严密的方式，来自德国法兰克福大学的冈特·克罗伊茨也探索了同一个问题。克罗伊茨在排练期间拜访了一个唱诗班，让唱诗班成员演唱莫扎特《安魂曲》中的几个部分，然后给自己的快乐程度打分。作为对照，一个星期之后，克罗伊茨再次趁排练时"不请自到"，给唱诗班成员播放了同一首曲目的录音，并让他们再次为自己的快乐程度打分。结果显示，听音乐并没有让人们感到更加快乐，但唱歌的效果却很明显。

针对"装假成真"原理和"快乐工厂"的研究结果非常清晰：与其通过思考快乐的事情来振奋心情，表现出开心的样子能带来更加立竿见影和显著的效果。面带微笑，步履轻快，高昂起头，说些开心的事，跳舞、大笑、歌唱，或是尝试做任何你喜欢做的事情吧。

借用歌词来说："如果想要感到幸福，那就拍拍手。"

第二章

用行动吸引你的真爱

在这一章,我们将揭开人类心灵的秘密,探索碰脚调情的威力,创造闪电约会新模式,学习如何与伴侣亲密相处,永葆激情。

无论学习什么，都要通过实践。例如，人们通过亲手建造而成为建造者，通过演奏竖琴而成为竖琴演奏家。同样，通过正义之举，我们才能成为正义之人；通过自控之举，我们才能成为自控之人；通过勇敢之举，我们才能成为勇敢之人。

——亚里士多德

1

爱情到底是什么？

1981年，查尔斯王子宣布与戴安娜·斯宾塞订婚。电视台针对两人即将举行的婚礼组织了一次电视采访，在这场现已臭名昭著的采访中，记者安东尼·卡休询问这对恋人的心情如何。查尔斯不无迟疑地表示，他很高兴，也很幸福，话语间的犹豫促使卡休追问了一句："你的意思是……你们俩正沐浴在爱河之中吗？"戴安娜很快予以肯定，但查尔斯则慎重得多，只是咕哝了一句："谁知道'爱'是什么呢。"

查尔斯并不是第一个捉摸不透爱为何物的人，纵观历史，无数诗人、音乐家和作家都想为这种最虚无缥缈的情感下定义。古希腊哲学家亚里士多德认为，我们应该将爱视为"两个身体里住着同一个灵魂"，伊丽莎白·巴雷特·布朗宁试图用诗句捕捉这种激情的精髓，她写道："我的所做和所梦都有你，就如美酒之中必有葡萄的馥郁……"相比之下，美国演员约翰·巴里摩尔的观点则更切实际，他指出："爱就是遇到一位美人和发现她实则丑陋之间的那段美好时光。"

虽然给爱下定义并不容易,但毫无疑问,这种情感总能摄人心魄。前不久,考古学家在伊拉克尼普尔谷地出土了世界上现存最古老的情书。这首情诗镌刻在一块有 4 000 年历史的泥板上,似乎是一位女祭司写给丈夫的,诗中描述了她对即将到来的新婚之夜的兴奋期待(我的甜心,你美得震撼人心,让我魂牵梦萦。让我颤抖着身体,在你面前伫立。能借我 10 英镑吗,这个周末还你[①])。

除此之外,爱也不受文化的限制。从亚马逊到亚利桑那州,从撒哈拉到西伯利亚,生活在截然不同社会中的人们几乎都经历过激情的欢乐和痛苦。少数试图禁止爱欲的团体,最后全以失败告终。例如,在 19 世纪,震教和摩门教徒都曾认为爱是伪装的欲望,因此试图斩断信徒艳遇的机会。尽管如此,情爱仍在两个教派之中滋生,往往以避人耳目、铤而走险的通奸方式存在。

鉴于爱情的无处不在,人们可能会认为,心理学家早就对这种情感产生了好奇。然而令人吃惊的是,针对人类情感奥秘的研究直到不久前才拉开帷幕,引发这股潮流的,是一项非常离奇的实验。

日久生情的"黑袋子"

1967 年,查尔斯·戈特辛格教授在俄勒冈州立大学讲授劝导的科学(这门课名叫"初级演讲 113:基础劝导学")。上第一堂

[①] 最后一句是我加的。

课的时候，戈特辛格的新生们看到了一个奇怪的场景：一张课桌旁坐着一个人，全身套在一个大黑布袋里，只有一双光着的脚从布袋底部的两条缝里伸出。

戈特辛格向全班同学解释说，一名男学生想要对自己的身份完全保密，所以决定套在黑袋子里上课。因为不知道这位匿名同学的名字，所以学生们达成协议，叫他"黑袋子"（这些学生大概没上过《初级演讲112：基础创造学》）。

班级每星期上3次课，每次上课，"黑袋子"都会静静地坐在自己的课桌前。学生们进行3分钟的劝导学相关演讲时，"黑袋子"只是一言不发地站在教室前面。起初，戈特辛格的学生对"黑袋子"并不友好——有人用雨伞戳他，有人在他背上贴了一张写着"踢我"的标签，还有人想要揍他一顿。

这个故事很快就引起了当地媒体的注意，后来又吸引了国家媒体的关注。来自美国各地的新闻记者纷纷涌向戈特辛格的课堂，哥伦比亚广播公司的传奇主持人沃尔特·克朗凯特想要采访袋子里的神秘男子，《生活》杂志也花了好几页的篇幅进行相关报道。

然后，意想不到的事情发生了。几个星期后，同学们开始和"黑袋子"产生了感情。尽管同学们仍不知道他是谁或者长什么样，但他们已不再戳打他，而是同情、友好相待。曾经的疏离逐渐演变为接受，大家越来越喜欢这位匿名的同学，不仅邀请他参与活动，还会保护他的身份。当戈特辛格让全班投票决定是否应该让"黑袋子"公开身份时，大多数学生都表示反对。

在戈特辛格的劝导课结束时，几名摄制人员聚集在学校大楼外，等待"黑袋子"下课。学生们心照不宣，在"黑袋子"周围围起一道人墙，保护他穿过涌上来的人群。这件事使得"黑袋子"深受感动，他终于开口，说了一句耐人寻味的话："我是你们中的一员，只是套在袋子里罢了。"直到今天，"黑袋子"的真实身份仍然是一个谜。

媒体和公众都开始诉诸心理学家，想要了解为什么戈特辛格的学生们会逐渐对这位匿名同学产生好感。然而，他们遇到了一个小问题：当时的心理学家几乎无法就这件事给出解释。

20世纪60年代之前，大多数心理学家都将针对友谊、吸引力和爱情的实验视为禁忌。弗洛伊德解释人类心理的方法不符科学且过于趋向性爱，或许是急于与这种观点划清界限，大学不鼓励教职人员对人们的私人生活进行研究，闯入禁区可能会带来非常严重的后果。在研究中，一位教授曾询问参与者是否为激发性欲对着别人的耳朵吹过气，因此遭受了严厉的谴责。

即便到了20世纪60年代初，研究人员也只是针对人类彼此吸引和相爱的方式提出了最基本的概念。由于缺少能解开"黑袋子"之谜的研究结果，少数感到难堪的研究人员开始踏入这片学术荒野，展开了对友谊、吸引力和爱情心理学的研究。

1975年，威斯康星大学的心理学家伊莱恩·哈特菲尔德得到美国国家科学基金会的资助，展开了一项关于爱与吸引力的最早系统研究。许多研究人员都将此视为一个重大突破，但并非所有人都为此心潮澎湃。美国参议员威廉·普罗克斯迈尔对哈特菲尔德的研究进行了猛烈抨击，硬塞给她一个"金羊毛奖"（声称她涉嫌薅纳税人的"羊毛"），并发表公开声明：

> 我相信，其余的两亿美国民众也希望给生活中的一些事情保留些神秘感。而我们最不想刨根问底的，就是一个男人和一个女人为何会相爱……所以，我要规劝美国国家科学基金会：从爱情的骗局里走出来吧。把这个话题留给伊丽莎白·巴雷特·布朗宁和欧文·柏林吧。"无知是福，难得糊涂"，亚历山大·蒲柏的这句话放在这里再适合不过了。

而哈特菲尔德却不以为意，他仍坚持进行自己的研究。在最初进行的一项研究中，她与佛罗里达州立大学的恋爱学研究员拉塞尔·克拉克合作，探索了一个开门见山的问题：如果一个相当有魅力的男性或女性邀请异性发生性关系，能否如愿以偿呢？

哈特菲尔德和克拉克让5名女性和4名男性在大学校园接近素未谋面的陌生人，询问对方："我在校园关注你一段时间了，觉得你很有魅力。你愿意今晚跟我上床吗？"然后，这些实验人员在笔记本上仔细记录对方的反应，解释自己其实是在进行一项社会心理学研究，刚才的问题完全是本着科学探究的精神提出的（但这些实验人员并没有记录对方听到这段话后的反应）。在一篇题为"对于性邀请接受度的性别差异"的论文中，克拉克和哈特菲尔德描述了研究结果，并报告了两性之间表现出的主要差异。结果，没有一个女性接受男性研究人员提出的邀请；相比之下，却有 75% 的男性勾选了"去你那儿还是我那儿"的选项。

不难想象,哈特菲尔德的研究引发了一场激烈的争论:一些人认为这些研究结果生动展示了社会优势群体对弱势群体的剥削;而另一些人则认定,这些发现证明了"男人天性肤浅"的假设。没有想到,这项研究竟然也对流行文化产生了影响。1998 年,英国爵士乐团 Touch and Go 摘录了一段女性实验人员背诵实验脚本的音频,以此为基础创作了一首名为"Would You……"(《你愿不愿意……》)的歌曲。这首歌曾登上英国单曲榜第 3 名的位置,在 YouTube 上的点击量则达到了 200 万次。

受初期实验成果的鼓舞,哈特菲尔德和同事继续进行了其他实验,进一步探索吸引力心理学的奥秘。

随后的一些研究表明,长时间的接触往往会对友谊和爱情起到大幅促进的作用。根据这一理论,与某人相处得越久,对方就越有可能喜欢你,并最终爱上你。这一理论解释了一些人为何会与邻居终成眷属,以及为什么戈特辛格的学生们会渐渐与"黑袋子"结下不解之缘。受这一理论的鼓励,一名男子给他的女朋友写了 700 多封信,但最终,她却嫁给了送信的邮递员。(开个玩笑。)

就这样,爱情研究的涓涓细流很快汇成了一股大潮,从 20 世纪 70 年代中期开始,数百名研究人员进行了数千次实验,试图解开人类心理的奥秘。

激情之爱与亲情之爱

想要通过研究探索爱神丘比特隐藏最深的机密,可用的形式多种多样。你可以偷偷观察单身酒吧的人们如何调情，组织遵循科学原理设计的闪电约会活动，发布虚假的个人征婚广告，检测人们在接吻时的睾丸激素水平，以及审视婚姻幸福夫妻的生活状况。

人们很快就发现，爱情是一个难解的课题。例如，在20世纪70年代早期，心理学家唐·伯恩宣布他推导出了爱的方程式，并自豪地将之公之于众……

$$Y= m[\sum PR/(\sum PR+\sum NR)]+k$$

其中，Y代表吸引力，PR代表正面强化，NR代表负面强化，k则是一个常数。而人们对伯恩这一公式的反应，也可以用一个数学公式来概括……

$$X<1$$

其中，X代表信服的人数。

其他学者采取的方法则稍显靠谱一些。他们认为，我们的潜意识中有一份理想特质的清单，当我们遇到一个符合所有条件的人时，大脑便会突然开始超速运转，这时，我们便会坠入爱河。

虽然各种研究并没有发现丘比特之箭命中目标的具体方式，但仍向我们揭示了爱情的两大主要形式。

第一种被称为"激情之爱"，涉及强烈的兴奋、迷恋和情绪高涨。这种爱情会让两人通宵畅谈，再一起欣赏日出。一些心理学家用浪漫的滤镜看待这种体验，将重点放在恋人渴望相伴和魂牵梦绕的美好一面；而另一些心理学家则摘掉了玫瑰色的滤镜，以更符合实际的视角看待这种爱情，并指出，激情之爱会激活大脑中与药物滥用和酒精成瘾相关的部分。

第二种爱情则被称为"亲情之爱"，更多涉及依恋而非吸引。这种形式的爱情并不关注追求时的快感和初吻时的激情，而存在于那些关系稳定、和谐而持久的恋人之间。

多年以来，研究人员设计了各种问卷，想要对两种不同的爱情进行衡量。几年前，伊莱恩·哈特菲尔德和同事向 3 种不同类型的情侣发放了调查问卷：刚开始约会的恋人、新婚夫妻以及已婚多年的夫妻。通过问卷得到的结果，哈特菲尔德得以记录爱情在一段关系中的演变过程。

首先来说好消息。刚刚开始约会的恋人体验到了高水平的激情之爱，以及较高水平的亲情之爱。接下来的消息更加鼓舞人心：新婚夫妻表示，他们体验到的激情和亲情之爱的水平更高。现在，我们来看看不那么好的消息。结婚不到一年，情况就开始出现恶化，激情和亲情之爱都下降到了刚开始约会时的水平。最后，来看看最坏的消息。在接下来 30 年的婚姻中，激情和亲情之爱都在衰退，且前者的衰退速度要比后者快得多。爱情或许是永恒的，但必然会随着时间迅速流逝。好在，我们将在本章稍后的内容中看到，一旦理解了爱的真相，即便在最长久的关系中，保持激情也并不是那么难。

哈特菲尔德的研究结果有些令人丧气，而人类又偏偏对爱情拥有需求。这样说来，那些保持爱情长久的方法自古以来都不乏主顾，也就不足为奇了。

第二章 用行动吸引你的真爱

你是否沐浴在爱河之中？

在以下陈述中，想象你伴侣的名字，然后在1（完全不正确）到5（完全正确）之间选择一个数字，完成以下问卷。

(1) 如果_____离开了我，我会感到心碎。
(2) 我的脑中总是装着_____。
(3) 在我认识的所有人当中，我最愿意和_____在一起。
(4) 如果_____爱上了别人，我会非常嫉妒。
(5) 当_____触碰我时，我会浑身兴奋。
(6) 看到_____遭遇困境，我会非常难过。
(7) _____和我能组成一个很棒的团队。
(8) 帮助_____，让我的生命充满了意义。
(9) 相比于照顾自己，我更愿意把_____照顾好。
(10) 和_____在一起时，我觉得很舒心。

统计分数

首先，把问题1到5的得分加起来。这是你"激情之爱"的得分。对照下面的列表，看看你的分数处于什么水平。

小于 5 分：	你没有读懂答题说明。
5~7 分：	非常冷淡，激情几乎已经消逝。
8~10 分：	较为冷淡，不温不火。
11~15 分：	一般水平，偶尔会迸发激情。
16~20 分：	较为热烈，但仍有提升的空间。
21~25 分：	恭喜，你已陷入疯狂热烈的爱。

接下来，把问题 6 到 10 的得分加起来。这是你"亲情之爱"的得分。对照下面的列表，看看你的分数处于什么水平。

5~7 分：	稍有些友谊的迹象。
8~10 分：	你们之间有感情，但并不牢固。
11~15 分：	一般水平，偶尔会迸发深厚的亲情。
16~20 分：	亲情深厚。
21~25 分：	恭喜，你正沐浴在亲情之中。

闪电约会还是相亲网站？

几个世纪以来，魔术师和女巫声称能够发明咒语和药水，让两个人坠入爱河。拜占庭人相信，吃下驴奶和蜂蜜做成的特制"爱情蛋糕"的人，会立即被丘比特之箭射中。在整个中世纪，不起眼的西红柿被很多人视为"爱情之果"，以至于清教徒领袖散布西红柿有毒的谣言,想要阻止教徒食用。而当咒语、驴奶和西红柿全都没能令自己"正中红心"时,人们便转而通过更加实际的方式寻找此生挚爱,其中的一种方式,就是刊登征婚广告。

征婚广告有着令人惊讶的悠久历史,最早的一则出现在1695年一份名为"畜牧业和贸易改善方法集锦"的英国刊物上,夹在一则阿拉伯种马广告和一则二手床广告之间。投放广告的是一位富有的绅士,想要寻找一位"拥有3 000英镑左右财富的贵妇人"。很遗憾,我们没有关于这位年轻人的方法是否奏效的记录。然而,这个创意很快就流行起来,人们投放的广告越来越苛刻,也越来越幽默。一则18世纪的广告要求应征者"没有身体残疾",另一则只接受"脚踝美观"的应征者,还有则声称"想要寻找……一个有两三百英镑财产的老婆,否则,我就不找老婆跟我共享财产了"。

几百年过去了,人们追寻爱情的热情却丝毫未减。20世纪50年代,两位富有开拓精神的哈佛学生推出了"配偶行动"服务,也就是史上第一个计算机配对系统。为了测试该系统,两位学生让7 000多人完成了评估性格的调查问卷。然后,相关信息被移至穿孔卡片上,并通过一台尺寸与小房间相仿的大型计算机进行处理。6个星期之后,每位参与者都收到了一份列表,上面写着条件相符的约会对象的地址和电话号码。如今,婚恋网站采取同样的理念,并开发出越来越复杂的算法,利用各种因素为数百万用户进行精准配对。

婚介行业于20世纪90年代末有过一次创新,当时,一位名叫雅各布·德约的拉比想为犹太单身人士牵线搭桥,因此提出了"闪电约会"的概念。这一理念迅速流行起来,当今,全球有数以百万计的人士都在尝试通过 3 分钟的聊天寻找真爱。

然而,婚恋产业并不仅仅满足那些寻找爱神丘比特之箭的人士。如果情侣们在感情中遇到困难,咨询师、视频和自助书籍都能提供各种各样的建议,据说能够帮助有情人长相厮守。

但是,这些方法真的有效吗?研究表明,通过闪电约会相识的人,发展恋爱关系的概率大约有 4%。相比之下,婚恋网站的情况要稍好一些。一家大型在线婚恋机构展开的调查显示,在调查展开之前 3 年间结婚的情侣中,约有 17% 是通过在线婚恋网站认识的。

对于希望感情长久的人而言,近期获得的数据或许更显黯淡:大约 50% 的美国人第一次婚姻以失败收场,第二次婚姻的失败概率为 2/3,第三次婚姻则为 3/4。

研究表明,我们可以利用"装假成真"原理来创造幸福,受此鼓舞。研究人员想知道这一方法是否也能够帮助人们找到此生挚爱,并鼓励夫妻在遇到困难时不离不弃。

那么,让我们来看看斯坦利·沙赫特博士和他的"爱的呼啦圈"吧。

2

情绪在先，还是体感在先？

回想一下你最近一次体验到强烈情绪时的情景：也许是在演讲前感到焦虑，在重要面试期间感到紧张，在成功约会后感到兴奋，或是在被人侮辱时感到愤怒……无论如何，只要不是精神病患者，你都可能注意到自己的体感出现了巨大的变化，或许是心率提高、口干舌燥，也可能是手掌出汗。

情绪心理学的许多早期研究，都在试图确切找出伴随各种情绪而起的体感之间的规律。研究人员邀请参与者进入实验室，在他们的身上连接各种传感器，然后用侮辱激怒他们，通过巨大的声响吓唬他们，或是拿出蛋糕讨他们开心。然后，研究小组对大量数据进行仔细研究，在每种情绪所对应的体感中寻找规律。

愤怒是否与心率骤升以及呼吸加快有关？恐惧是否与口干和冒汗有关？快乐是否伴随着心率下降和呼吸变浅？研究者用了很多年时间，想要用不同的生理特征创造出一本情绪词典，然而这种方法存在漏洞：虽然几乎所有参与者都感受到了大量的情绪，但伴随着这些情绪产生的体感却往往惊人的相似。有什么地方就是说不通。

时间来到20世纪60年代，这个谜团终于被心理学家斯坦利·沙赫特解开。

沙赫特就职于哥伦比亚大学，其研究涉及各种有趣的课题，包括肥胖、尼古丁成瘾、邪教以及吝啬等。在职业生涯的早期，沙赫特组织了一场现已成为经典的实验，探索人们在经历某种情绪时身体内部出现的变化。让我们将自己想象成这项实验的参与者。

你正自顾自走在街上，突然看到一张海报，上面正在招募参与者来研究一种叫作"素普洛辛"的维生素化合物对视力的影响。你想通过几个小时的工作赚些外快，于是便拨打了海报上的电话，对方请你第二天去沙赫特的实验室。

来到实验室，研究人员给你注射一针素普洛辛，并解释注射后需要一段时间才能起效，然后让你去附近的休息室。进门后，你对已经坐在房间里的男士报以礼貌的微笑。你们俩开始聊天，那位男士说他也是这项实验的参与者；和你一样，他也在等待注射的素普洛辛起效。

几分钟后，这位新交的朋友情绪高涨。他在休息室的角落里找到了一个呼啦圈转了起来，还讲了几个笑话，然后爬上家具，往纸篓里扔废纸球。你与这位"快乐先生"相处了大约15分钟，研究人员进入休息室，要求你完成一份关于当下情绪的简短问卷。填完表格后，研究人员告诉你实验结束了。然而就如大多数心理学实验一样，事情并不像看上去那么简单。

沙赫特确信，针对情绪与体感关系的科学研究之所以失败，是因为此类研究建立在一个具有本质缺陷的假设上。他很容易看出，不可能每种情绪都对应着特定的心率、呼吸和出汗等情况，情绪的种类繁多，而体感的数量则非常有限。沙赫特认为，实际情况要简单得多。

他假设，我们所有的体感都是由一个生理系统引起的，而这个生理系统的运作与拔河比赛非常相似。

绳子的一端是红队。当这一队突然发力时，你会感到更加兴奋和活跃：你的肾上腺素和糖分被迅速释放到血液中提供能量；心跳和呼吸频率增高，为肌肉提供更多的氧气；皮肤表层的血液流动减少，有助于减少受伤时的出血量；胃部的消化液高速分泌，产生更强的动力。简而言之，你的身体所经历的便是大名鼎鼎的"战或逃"反应。如果你决定既不出击也不逃跑，体内未消耗的能量便会让你头晕目眩，膝盖发软，胃部翻搅，浑身颤抖。

绳子的另一边是蓝队。当蓝队拉动绳子的另一端时，你的身体就会平静下来，心率减缓，消化系统恢复正常。

同样，当你躺下放松时，蓝队会拉动绳子的另一端，导致你的心率下降，呼吸变得缓慢短浅。当你站起来走动时，红队就会开始发力，让你的心率和呼吸恢复正常。

红队和蓝队往往协力工作，确保你的体感与周围环境相适应。例如，如果你在灌木丛中发现一只老虎，红队便会立即行动，让你感到心跳突然加快。然而，你一旦想起自己其实身在动物园、并未受到威胁时，蓝队就会拉动绳子的另一段，让你的心跳缓慢下来。

根据沙赫特的说法，并非每种情绪都能带来不同的体感，而是引发同一个系统产生不同强度的反应而已。

身体语言

每个人的身体都会产生不同程度的体感，从而驱动产生不同的情绪。填写下面的问卷，测试身体对情绪的反应。

想象一下，你正处于一个压力很大的环境之中。请按照自己的情况用以下标准给这10种说法打分。

1: 从不 2: 偶尔 3: 有时 4: 通常 5: 总是

在有压力的情况下：

- 我的脸要么变红，要么变得煞白。 _____
- 我感到腿软，手开始颤抖。 _____
- 我的呼吸变得急促而短浅。 _____
- 我的心跳加速。 _____
- 我的手心开始出汗。 _____
- 我的肚子开始咕咕作响。 _____
- 我脖子后面的汗毛竖了起来。 _____

- 我感觉口干舌燥。　　　　　　　_____
- 我感觉泪水涌上双眼。　　　　　_____
- 我的脸颊和双耳发热。　　　　　_____

统计分数

把你所有的得分加起来。对照下面的列表，看看你的分数处于什么水平。

10~20 分：反应极不敏感。
21~30 分：极低程度和平均程度之间。
31~40 分：平均反应。
41~50 分：反应极为敏感。

反应程度的高低本身并无好坏之分。反应较不敏感的人更容易在有压力的情况下保持冷静，而反应较敏感的人容易一察觉到威胁便产生反应。

然而，沙赫特的理论面临一个重大的难题。如果你的体感只是在强度上有所不同，你又怎能体验到如此丰富的感情呢？沙赫特给出的解决方案，是将关注点从身体转向大脑。根据他的理论，身体出现激烈反应时，你可以审视周围环境，努力弄清事态，然后给这种情绪贴上相应的标签。举例来说，如果有人对你大喊大叫，你会感到心跳加速，在听到侮辱言论后，你会得出自己在生气的结论。同样地，与一个很有吸引力的人在一起时，你或许也会心跳加速，但判断这种反应是欲望使然。

沙赫特的观点颠覆了人们对情绪的传统认知。根据传统认知，情绪似乎先于体感。看到一头狮子时，我们先是变得害怕，然后开始出汗。看到过山车时，我们先是变得兴奋，然后心跳加速。而沙赫特提出的理论却恰恰相反。他认为，看到狮子，我们会先出汗，然后在审视自己所处的危险情况后开始感到害怕。抑或，看到过山车，我们会先心跳加速，然后因发现自己身处主题公园而感到兴奋。因此，沙赫特的观点是威廉·詹姆斯情绪理论的延伸。詹姆斯认为，我们先观察自己的面部表情和行为，然后再弄清楚自己的感受。沙赫特对这一理论加以扩展，用于分析我们的体感。

体感和情绪

按照传统认知，二者因果关系如下：

看到一辆迎面而来的汽车 ⟶ 感到害怕 ⟶ 胃猛地一抽

在街上与最喜欢的名人擦肩而过 ⟶ 感到兴奋 ⟶ 开始出汗

而沙赫特的理论表明，现实情况如下：

看到一辆迎面而来的汽车 ⟶ 胃猛地一抽 ⟶ 观察处境 ⟶ 感到害怕

在街上与最喜欢的名人擦肩而过 ⟶ 开始出汗 ⟶ 观察处境 ⟶ 感到兴奋

如果这种对"装假成真"原理（见 12~13 页）的拓展是正确的，便能引出一个有趣的推论：在不同环境中提高心率，可以让我们体验到完全不同的情绪。而这，正是上文中的实验安排参与者和"快乐先生"相处的目的。

这种叫作"素普洛辛"的维生素化合物并不存在，这项研究也与视力无关。此外，或许大家现在已经猜到，"快乐先生"其实只是实验请来的托儿而已。

你在实验中接受的注射含有少量的肾上腺素，能够激活你的生理反应。在化学物质进入你体内的瞬间，红队就会立刻发力，让你心跳加快，双手颤抖，嘴巴变干。根据沙赫特版本的"装假成真"原理，与"快乐先生"相处会鼓励你将自己奇怪的体感视为快乐的信号，因此觉得自己格外开心。

而实验结果也的确如此。在填写沙赫特的情绪调查问卷时，与"快乐先生"相处的参与者一次次勾选了"不知为什么，我就是很开心"这一项。

"装假成真"原理表明，如果我们在不同的环境中产生同样的体感，便会产生截然不同的情绪。为了验证情况是否如此，沙赫特展开了研究的第二部分。他邀请了一组参与者来到他的实验室，给他们注射了"素普洛辛"（其实是肾上腺素），然后发给参与者一份关于背景信息的调查问卷，让他们在休息室完成。

当参与者来到休息室时，并没有遇到爱转呼啦圈的"快乐先生"。这一次，扮演"快乐先生"的演员扮演的是"愤怒先生"，他愁眉不展，对调查问卷牢骚满腹。看到一组越来越涉及隐私的问题，比如"你的母亲和（除你父亲之外的）多少男人有过婚外情"。选项：4个及以下_____，5到9个之间_____，10个及以上_____。"愤怒先生"变得越来越激动，最终把表格团成一团，怒气冲冲地夺门而出。

"愤怒先生"的行为会让参与者把心率提高归因为心烦意乱吗？答案是肯定的。果然，当第二批参与者描述自己的情绪时，都表示自己感受到了愤怒之情。

在这项研究的两个部分中，参与者的体感相同。然而在第一部分，参与者被"快乐先生"带动，用积极的视角看待自己的心率提高，因此感到快乐。在研究的第二部分，虽然情况相同，但"愤怒先生"却起到了抑制的作用，让参与者以一种更消极的方式看待自己的心率，从而感到心烦意乱。

为了确保参与者的情绪不只是由呼啦圈或刺探母亲作风的隐私问题引出的，沙赫特在实验中增加了新的环节，包括为另外两组参与者注射惰性生理盐水，而不是肾上腺素。这些参与者并没有感到心跳加速，所以没有表现出强烈的情绪。因此，在与"快乐先生"或"愤怒先生"相处后，他们并没有感到非常高兴或愤怒。

"装假成真"原理还解释了情绪的许多稀奇古怪的特征，比如人们为什么会在极度悲伤或极度快乐时哭泣，传统的情绪理论很难解释截然不同的情绪为何会产生如出一辙的行为。根据沙赫特的理论，与每种情绪相关联的体感都是相同的，因此，强度相同的情绪便会引发相同的身体反应。

有趣的是，一些研究还表明，严重和致命的袭击事件会随着气温的上升而增加。"装假成真"原理又一次轻松解释了这个现象。当人们身处异常炎热的环境时，心跳会加快，并开始出汗。有些人会四处寻找这种生理变化的原因，将这些信号误认为是生气的表现，并表现出相应的举动。这个解释的确有趣，但事实是否真的如此呢？为了找到答案，一组研究人员将实验室加热到 35 摄氏度左右，并给参与者提供了一次彼此电击的机会。结果表明，房间越热，电击强度越大。然后，研究人员让参与者喝了一瓶凉水，让大家冷静下来，并再次提供了一次对彼此施行电击的机会。突然之间，大家的攻击性出现了大幅下降。

然而到目前为止，"装假成真"原理最为显著的影响，体现在那些"要爱，不要战争"的求爱人士身上。

激情之爱的化学反应

沙赫特把身体感觉和情绪之间的关系比作自动点唱机。自动点唱机需要硬币才能运转，同样，身体也因事件的发生而立即产生反应。就如用户会在自动点唱机上选择想听的歌曲一样，同样，人们也会下意识地观察周围发生的事情，从而为自己的体感选择合适的解释，并体验相应的情绪。跟随詹姆斯的脚步，沙赫特也想要利用自己的版本的"装假成真"原理制造快乐和愤怒的情绪。但是，我们真能用这一原理来制造激烈的感情吗？

为了找到答案，马里兰大学的格雷戈里·怀特和同事针对心率和爱情之间的关系进行了两项开创性的研究。在这两项研究中，怀特先让男性参与者的心率升高，然后播放了一段一位漂亮女性谈论自己爱好的录像，让他们为这位女性的性感程度以及想要吻她的冲动打分。

在第一项研究中，怀特让一组男性原地跑跳两分钟（高心率），另一组男性则原地跑跳几秒钟（低心率）。在第二项研究中，一组男性要么收听喜剧演员史蒂夫·马丁在专辑《疯狂的家伙》中的一段脱口秀表演，要么收听一段暴徒杀害外国传教士的恐怖故事（高心率），而另一组男性听的则是一段关于青蛙循环系统的枯燥描述（低心率）。

完成了两分钟的跑跳，或收听了史蒂夫·马丁的表演或是传教士被杀的故事的男性心跳加速，比只运动了几秒钟或是收听了青蛙的生理知识的男性，觉得录像中的女性更迷人。

除此之外，其他实验也得出了同样的结果，其中最著名的，或许要数心理学家唐纳德·达顿和阿瑟·阿伦的实验。他们安排了一名女性"市场研究员"（其实是实验请来的托儿），让她在横跨不列颠哥伦比亚省卡皮拉诺河的两座桥上主动接近经过的男性参与者。这是两座截然不同的桥，其中一座桥在风中摇摇欲坠，而另一座却坚固得多。摇摇欲坠的吊桥让男性参与者心跳加速，而他们误认为这是激情的象征，觉得那位女性非常迷人。在另一项研究中，得克萨斯大学的心理学家辛迪·梅斯顿和彭妮·弗勒利希来到公园，在参与者乘坐惊险过山车之前或之后几分钟进行采访。研究人员向参与者展示了一张女性的照片，并要求他们对其魅力进行评分。结果，那些刚下过山车的乘客误将手心冒汗解读为爱的表现，认为照片上的女性非常迷人。

正如我之前在《59秒》一书中提到的，这一发现对于任何想要找到一生挚爱的人都有着重要的意义：在谈恋爱约会的时候，不要去乡间散步或是参加冥想课，而要去主题公园或高耸的桥梁，或是去观看喜剧表演或一部恐怖电影。

"装假成真"原理的这一特征，还能帮助我们解释爱的一些其他难以捉摸的特征。

哦，罗密欧，罗密欧，为什么你是罗密欧？

爱而不得往往会让单恋一方对另一方倍加渴慕，这种渴慕的威力非常惊人。曾经有一个遭到前女友拒绝的人把她绑架了，后来他声泪俱下地解释："她越是拒绝我，我就越发想要爱她。"

人类本应对那些给自己添堵的人避而远之，因此，大多数心理学理论都很难解释上面这种情况背后的原因。但是，"装假成真"原理却为这一现象提供了一种可能的解释。

想做某事却受到阻挠的人，往往会感到挫败和气恼。如果这个人碰巧心有所属，便可能把沮丧的生理信号误解为激情的明证——越是遭人拒绝，他们就越会被求而不得的梦中情人所吸引。

这条理论还解释了爱的屏障对人类情感产生的奇特影响。希腊作家瓦西里斯·瓦西里科斯曾经创作过一篇关于两个神话生物的故事：一个是一条腰部以上是鸟的鱼，另一个是一只腰部以上是鱼的鸟。两个生物深爱着彼此。有一天，鱼鸟表达它的烦忧，说它俩永远无法生活在一起（性生活也不会太和谐），而鸟鱼却看到了这个棘手问题的光明面，回答说："不，我们俩多么幸运。这样一来，我们就会永远相爱，因为我们彼此独立。"

瓦西里科斯并不是第一个提出距离会煽动爱火的作家。在皮拉姆斯和提斯柏的罗马神话中，两人坠入爱河，但双方父母却不同意这段姻缘，设法阻挠两人见面。他们的住家彼此相邻，但两人却被关在相互分隔的房间里，透过墙缝窃窃私语。作家伊迪丝·汉密尔顿在为这段神话改写的现代版本中表示："然而，爱是不能被禁止的。火焰越是被掩盖，温度就越是高涨。"同样，在莎士比亚的著名悲剧《罗密欧与朱丽叶》中，这对恋人不共戴天的家庭越是想拆散他们，他们对彼此的感情就越是深厚。

为了探索这种奇怪的现象在现实生活中是否存在，科罗拉多大学的心理学家理查德·德里斯科尔用了一年时间，跟踪记录了100多对情侣的生活状况，监测两人的相爱程度以及双方父母对这段关系的阻挠有多激烈。研究发现，父母越是试图阻挠一段关系，情侣对彼此的爱意就越深。为了纪念伟大的莎翁，德里斯科尔将这种现象命名为"罗密欧与朱丽叶效应"。

面对这个问题，大多数传统爱情理论会用"眼不见心不烦"加以解释，预测将一对恋人拆开会使他们逐渐对彼此失去兴趣。然而，用"装假成真"原理来解释，这个问题便迎刃而解。越是试图拆散一对情侣，这两人就越是感到愤怒，也越有可能把这种挫败感误解为激情的象征。

"装假成真"原理也可以用来解释声名狼藉的反弹效应。当一段关系结束时，人们通常会感到非常焦虑。如果在上一段感情结束不久就遇到了另一个人选，他们便可能会把自己的焦虑误解为激情的表现。这种效应的证据来自这样一项研究：研究人员安排一组男性进行性格测试，并给出或积极（让他们感觉良好）或消极（让他们感到焦虑）的反馈。随后，研究人员让这些男性在一家自助餐厅等候，并安排了一位迷人的女性接近他们。正如沙赫特所预测的那样，刚刚得到负面反馈的男性认为女性尤其迷人。

除此之外，斯德哥尔摩综合征也同样遵循了沙赫特版本的"装假成真"原理。不幸被劫持为人质的人，往往会对劫持者产生一种莫名的好感。这种现象非常普遍，美国联邦调查局（FBI）的预防人质劫持数据库系统显示，有近乎1/3的人质都在某种程度上表现出了该症状。有趣的是，这一效应通常只在劫持者对人质表现出一定善意时才会出现，因此，很可能是人质将剥夺自由所引起的焦虑错误理解为产生好感的表现。同样，这个理论也可以拿来解释为什么有些人会倾心于虐待自己的伴侣。

多年以来，心理学家一直认为人们的情绪会对生理产生影响，即愤怒感会让人心跳加快，而焦虑感会让人发汗。针对詹姆斯理论的研究证明，人们会因行为而体会到情绪，同样，沙赫特也让我们看到，对自身体感的解读决定了我们所体验到的情绪。在不同的背景下，同样的心跳加速可以被视为愤怒、幸福或爱情的信号。基于沙赫特的理论，研究人员让参与者观看有趣的电影、走过危险的桥梁、乘坐恐怖的过山车,以此培养出浓情蜜意。另外,这个理论还解释了爱情中许多难以捉摸的特质,比如为什么拒绝会增加吸引力,为什么试图将恋人分开只会将激情的火焰越扇越大,以及为什么有些人会对虐待自己的伴侣难舍难分。

受到这些研究的启发,研究人员继续探索,想要弄清"装假成真"原理还会通过什么方式影响丘比特之箭的走向。

3

其实爱情可以被人为"制造"出来

弗朗西斯·高尔顿爵士是维多利亚时期一位特立独行的科学家,大约在 19 世纪和 20 世纪之交,他将大部分时间投入奇特心理现象的研究。他坚守"用运算衡量一切"的信条,通过监测听众坐立不安的程度来判断同事的演讲是否无聊,通过计算牧师的平均寿命来测试祈祷的力量,还用了几个月的时间尝试泡出一杯完美的茶。

高尔顿在一篇题为"衡量性格"的文章中提出,通过记录两人身体对彼此的"倾斜度",便可以计算出他们相爱的程度。他注意到,当一对情人坐在餐桌旁时,会明显向对方倾斜,因此把更大的重量压在椅子的前腿上。这位伟大的科学家提出,可以在桌椅腿上偷偷安装"带有指数和刻度盘的压力测量仪",从而客观地衡量爱的程度。高尔顿在文章结尾指出:"我进行了一些简单的实验,但由于我忙于其他事宜,因此没有按原计划那样往下深入。"遗憾的是,维多利亚时代的科学家不愿按照高尔顿的建议去改装家具,因此,监测情侣行为的想法也逐渐被人淡忘。

直到20世纪70年代,监测恋人行为的理念才重新出现。然而,这次的研究并没有借鉴高尔顿偷偷安装仪表和刻度盘的理念,而是采取了一种更侧重于观察的方法。几年以来,一小群热忱的研究人员大胆探索了之前少有心理学家敢于涉足的领域,来到了酒吧和派对之中。在那里,研究人员秘密观察了恋爱中情侣的行为。研究结果证实了大多数人的猜测:那些深陷爱河的人会靠近彼此,长时间凝视彼此的双眼,在桌子底下碰脚调情,模仿对方的肢体语言,触碰对方的手和胳膊,并分享私密的信息。

受到之前的实验利用"装假成真"原理制造幸福的启发,研究人员想要知道,表现出坠入爱河的样子,是否真的能让人们为彼此倾心。

其中最早的一项实验,是由美国斯沃斯莫尔学院的肯尼思·格根组织的。由于恋人们常会在黑暗中共度美好的时光,格根想要知道,如果让素昧平生的陌生人在黑暗中共处,会产生怎样的效果。他选择了一间大约3米见方的房间,用衬垫覆盖地板和墙壁,然后让四男四女在房间里共处一个小时。之后,格根关掉了房间里的灯,并要求其他男女参与者的组合在漆黑的房间里共处同样的时间。

格根使用普通和红外摄像机记录了房间里发生的事情,并在实验结束后对每位参与者进行了采访。在一篇题为"黑暗中的越轨行为"的文章中,格根描述了他的调查结果:在亮灯时,没有任何参与者会有意彼此触摸或拥抱,只有30%的人感到性欲被激起。在黑暗之中，情况却截然不同。在这种情况下，几乎有90%的参与者会故意抚摸对方，50%的人会拥抱，80%的人会感到性欲被激起。此外，在黑暗房间里的人更有可能谈论到生活中的重大事件，并且觉得对方很有吸引力。格根的视频显示，一些参与者甚至开始抚摸对方的脸颊并彼此亲吻。仅仅因为身处情侣钟爱的环境之中，这些参与者很快就表现出了正中丘比特之箭的状态，继而感觉对方愈发迷人起来。

对于在实验室中创造爱情，这还仅仅是冰山一角。

碰脚调情的威力

哈佛大学心理学家丹尼尔·韦格纳想要知道，既然微笑会让人感到快乐，两个悄悄碰脚调情的陌生人是否会觉得彼此更有魅力。韦格纳发现，研究"微笑使人快乐"假说的人员会找各种借口，以防参与者给出研究人员想要听到的结果。因此，他也借口说自己进行的是一项关于扑克心理学的研究。

参与者被分为 4 人一组，来到韦格纳的实验室。研究人员特地安排了参与者的到场时间，确保每个小组由两男两女组成，且彼此不认识。然后，研究人员将参与者分成两队，每队一男一女。研究人员解释说，两队成员要在一起打扑克，并将两队参与者分别被带到两个房间了解规则。而研究人员的实际目的，是告诉两组中的一组如何在过程中向队友发送暗号。如何传递暗号呢？作弊的两人需要在比赛过程中不停触碰对方的脚部，以此传递信息。

就这样，这些参与者便在不知情的情况下完成了一次碰脚调情。扑克打完后，所有参与者都要立即给其他选手的魅力值打分。在那组表现得卿卿我我的男女看来，对方显得更有魅力。

韦格纳并不是唯一一个尝试在实验室里制造爱情的人。阿瑟·阿伦和芭芭拉·弗雷利是来自纽约州立大学石溪分校的两位心理学家，2004年，两人针对这一主题进行了一项同样古怪而独到的研究，这一次，他们的道具是几个眼罩和一袋吸管。

鉴于年轻的情侣们经常在一起开心玩耍，研究人员想要看看，鼓励人们表现出享受对方陪伴的样子是否会让他们走得更近。为了寻找答案，他们邀请参与者到他们的实验室，进行随机配对，然后将他们分成两组。

在其中一组中，参与者们玩得很尽兴。研究人员蒙住其中一人的眼睛，让另一人用牙齿叼着一根吸管，然后，研究人员安排叼着吸管的人读出指令，让蒙住眼睛的人试着按指令学习舞步。然后，研究人员拿走眼罩和吸管，给两人中的一人发了一本便签和一支笔，又偷偷跟另一个人说了一种诸如树或房子的简单物体。这个人必须在不说出物体名字的情况下进行描述，搭档则要试着把物体画出来。另一组的参与者没有拿到吸管和眼罩，而是要一本正经地学习同样的舞蹈和画同样的物体。

游戏结束后，所有参与者都要画出两个重叠的圆圈，表示他们与搭档的亲密程度。相比之下，那些举止如同甜蜜恋人的搭档感觉彼此贴近得多。

多年以来，研究人员进行了多次类似的研究。在一些实验中，心理学家借口研究第六感，让参与者凝视对方的双眼；在另一些实验中，研究人员则鼓励参与者对素昧平生的陌生人分享内心深处的秘密。一次又一次的实验结果证明，丘比特是可以人为召唤来的。

亲密的行为也能催生爱情

受到这些发现的启发，美国心理学家罗伯特·爱泼斯坦决定进一步研究。他想知道，在实验室之外，是否有可能利用这些技巧来制造激情？

爱泼斯坦的职业生涯丰富多彩，在近20岁时，他认为自己的使命是成为一名拉比，于是变卖财产，前往以色列。6个月后，他意识到自己误读了自己的使命，于是回到美国，决心"为人类做出重大而持久的贡献"。他对心理学产生了兴趣，最终进入哈佛大学攻读本科。短短4年时间里，他发表了21篇引人注目的科学论文。因此，哈佛大学心理学系的系主任给了爱泼斯坦免写论文的特权，并建议他把"发表过的一些论文装订成册，趁还有机会的时候出去闯闯"。几年后，爱泼斯坦成了一本名为"今日心理学"的大众杂志的编辑（这本杂志的过期期刊被心理学家们亲切地称为"昨日心理学"）。2003年，他离开杂志社，此后一直致力于研究各种课题，包括创意、压力、青春期……还有爱情。

爱泼斯坦坚信，在爱情这个主题上，西方世界被童话故事、感情作家和好莱坞大片灌输了一个危险的谎言。从很小的时候起，孩子们就会读到这样的故事：走投无路的少女被身着闪亮盔甲的骑士迷得神魂颠倒……爱情被描绘成一种带有魔力的情感，是奇妙的亲吻、神秘的药水或神灵的意志的产物。而在成年人阅读和观看的书籍或电影中，主人公会无休无止地寻找所谓的此生挚爱，一旦如愿以偿，就会永远过上幸福的生活。爱泼斯坦认为，这些对于爱的不准确诠释会渗入我们的思想，对我们的生活产生巨大的负面影响。

爱泼斯坦认为，爱情不是一个充满魔力的过程，我们并非注定要和某个具体的人共度此生。相反，他坚信爱情遵循既定心理学原理发展，只要表现出相爱的样子，几乎任何两个人都可以爱上对方。

这个理论或许听来荒谬，但有一些证据表明，事实或许果真如此。

明星情侣因为在荧幕上演绎了一段恋情后坠入爱河，这种例子屡见不鲜。众所周知，理查德·伯顿在拍摄电影《埃及艳后》时爱上了伊丽莎白·泰勒。布拉德·皮特和安吉丽娜·朱莉在《史密斯夫妇》中饰演夫妻时因戏生情。在《豪情四海》中，沃伦·比蒂饰演的黑帮首领本杰明·西格尔，对安妮特·贝宁饰演的好莱坞小明星一见钟情，而比蒂和贝宁也在拍摄后不久就喜结良缘。在这些实例中，这些名人先是表现出了恋人般的举动，然后很快就在现实生活中坠入情网。

2002年6月，年近50仍然单身的爱泼斯坦宣布，他打算进行一项"非常私人化"的研究，想要验证他的爱情理论是否正确。在《今日心理学》杂志上,他描述了自己要如何寻找一位愿意和他一起参与实验的女性,探索两个陌生人是否有可能学会相爱。爱泼斯坦和被选女性不会经历艰险重重的恋爱过程,而是要花 6 到 12 个月的时间,遵循一套旨在让两人越走越近的简单规则(比如,两人同意不与其他人恋爱,并参加旨在增强感情的活动),然后合著一本关于这段经历的书籍《你创造出的爱情:我们如何学会相爱,你也可以学学》。爱泼斯坦解释说,这个想法不仅仅是一个宣传噱头,而是对于爱之本质的严谨研究,他还表示,有几家大型出版社已表示出对这本书的兴趣。

这个想法很快便引来了媒体的关注,超过 1 000 名女性报名参加实验。爱泼斯坦与其中 15 位报名者会面,但最后全都以拒绝收场。他在事后解释说,这些女性大多想要获得公众的关注,而不是真正想要学着爱上他。

之后,在 2002 年圣诞节当天,爱泼斯坦在飞机上结识了邻座的委内瑞拉前芭蕾舞演员加布里埃拉·卡斯蒂略。两人攀谈起来,在谈话的尾声,爱泼斯坦描述了自己的实验,问卡斯蒂略愿不愿意成为他在实验中"另一半"。卡斯蒂略起初不愿参与,但最终还是选择了答应。就这样,在 2002 年情人节那天,卡斯蒂略和爱泼斯坦签署了一份"爱情合约"。不幸的是,这对"恋人"的感情因为身处异地困难重重,两人曾多次求助情感咨询师,但几个月后还是决定中止实验。后来,爱泼斯坦在马恩岛发表演讲后认识了一位女性,两人于 2008 年步入婚姻殿堂。

爱泼斯坦并未因个人爱情计划的失败而感到烦恼挫败,在那之后,他创造了一系列旨在现实生活中促进感情的练习,并请加州大学圣地亚哥分校的学生进行实验。这些实验鼓励一对对陌生人参与到各种有助催生爱情的练习中去,包括温柔地拥抱对方,同步呼吸,用渴慕的眼神凝视对方的眼睛,投入对方的怀抱,在不发生触碰的前提下彼此靠近(爱泼斯坦表示,最后一个练习往往以接吻收场)等。

爱泼斯坦让他的爱情"小白鼠"在练习前后对彼此的亲近程度打分,结果显示,在练习之后,参与者的确觉得彼此更有吸引力,在感情上也确实靠得更近了。

研究结果听起来振奋人心。那么,这种对待爱情的方式确实能对寻找真爱之士有所帮助吗?现在,我们来看看答案。

开始新恋情

你是否陷在上一段感情中走不出来?如果是这样,"装假成真"原理会对你有所帮助。

新加坡国立大学商学院的研究员李秀平进行过一项实验,让80名参与者把最近做的一个后悔的决定写下来。然后,她让一些参与者把写下来的文字交给研究人员,另一些参与者则把文字装在信封里。与那些把过去的经历交到别人手中的参与者相比,将经历密封在信封里的参与者明显感到了更大的慰藉。通过装入信封这一行为,参与者仿佛已在心灵上对往事释怀,并开始了新的生活。

下次当你想要走出一段已经画上句号的感情时,如果需要一点儿鼓励,就把发生的事情写在本书的下一页上,然后撕下来,装进信封,与过去告别吧。

如果你想要结束得更加彻底,那就拿起打火机,把这封信烧成一堆灰烬。

在下一页描写你过去的恋情,把这一页撕下来,装进信封,与过去告别吧。

正能量

激动人心的闪电约会

很多闪电约会都是一种枯燥而重复的过程,参与者整晚都要翻来覆去地讨论同一个话题。我想要知道,通过"装假成真"原理,我们有没有可能创造出一种更有趣且有效的新型闪电约会模式。

我先是在爱丁堡市中心租了一间格鲁吉亚风格的华丽舞厅,并刊登广告招募单身参与者,进行一项探究"诱惑"背后原理的研究。之后,我分别邀请了20名单身男性和20名单身女性来到我的爱情实验室。

当晚的实验开始前,我们在每张桌子上放上蜡烛,把灯调暗,放起浪漫的音乐,将场景布置妥当。每位参与者到达时,都有人安排他们在一张长桌旁就座,男性坐在一边,女性坐在另一边。每个人都会拿到一本"爱之书",里面写着当晚的安排(见80页)。

等到大家都坐定后,实验拉开了帷幕。第一个练习,是让每个人与对面的人聊天,了解这个人的名字和背景信息。然后,我们给每个人发了一个空白的硬纸板徽章和几支记号笔,让他们为对方设计徽章图案,上面必须包含对方的名字和一些有意思的信息。最后,我们让所有人互赠徽章。恩爱的情侣常常会为彼此制作和赠送小礼物,这个练习的目的,就是让参与者表现出对方很有吸引力的样子。

在第一个练习结束时,每个人都要从两个方框中勾选一个,表明是否愿意在当晚的闪电约会之夜后继续见面。然后，所有的女性参与者移位，面对她们的下一位交谈对象，进行第二项练习。这个过程持续了整晚，每位参与者都要与不同的对象进行不同的练习。有的时候，参与者需要凝视对方的双眼或牵手；有的时候，参与者则要分享秘密或合作完成某个任务。

爱之书

以下是闪电约会研究中用到的一些最有效的爱情游戏。只需加入一点儿创造力，你也可以利用这些游戏在日常生活中调剂感情。

读心术（眼神交流）

悄悄在下面的空白处画一幅简单的图画。

接下来，用 45 秒的时间盯着对方的眼睛，试着用心灵感应把你的画"传达"给对方，并"接收"对方的画的信息。在下面的空白处画出你认为对方想要传达给你的图画。

最后，将两幅图画进行比较。花几分钟的时间讨论这两幅画是否与构思吻合，为什么你会这样画，以及为什么对方会那样画。

坦诚相见（分享秘密）

你和你的搭档分别就以下 5 个问题展开讨论：

（1）说出一件你一直想做的事情，并说明迟迟没去做的原因。

（2）想象一下你的房子或公寓失火了。你只能拿走一样东西，那样东西是什么呢？

（3）你会给 10 岁的自己什么建议？

（4）你最喜欢你生活的哪个方面？

(5)上一次笑着哭泣是什么时候?

知我者非你莫属(探索)

轮流回答以下五个问题:

(1)如果你有一项超能力,会是什么?
(2)你最想和哪位名人共进晚餐?
(3)如果能回到过去,你会回到哪个时代?
(4)如果能选择世界上任何一份工作,你会做何选择?
(5)如果你明天彩票中奖,要怎么花这笔钱?

每个人都很享受与对方四目相对和分享心底秘密的过程,但是,这些练习是否有助于激发爱意呢?这些年来,我还组织过几次传统的闪电约会,双方都勾选"我想再见到这个人"的概率,大约有20%;然而,一旦利用了"装假成真"原理,成功率便显著提升到了45%之多。只需用几分钟的时间表现出对方很有吸引力的样子,就足以帮助参与者触碰到心中的爱神。

当晚的闪电约会刚开始的时候,莉安和尼克同是单身。被分为一组后,他们按要求参与了一项叫作"手相测试"的游戏(见83页)。这个游戏的初衷,是促进两个人一边讨论各自的生活,一边在社会所接受的范围内彼此触碰,愉快共处。在游戏过程中,莉安和尼克有过多次眼神交流,并很享受握住对方的手的机会。游戏后的聊天,让两人发现彼此有很多共同之处,而且相处的过程中笑声不断。

之后，两人都表示愿意再见面，于是我写了一封电子邮件，介绍两人认识。莉安和尼克约好第二个星期见面喝杯咖啡。和上次一样，一切都进展得很顺利，两人离开咖啡厅，一起共享红酒和晚餐。几天后，莉安和尼克再次见面，从此坠入爱河，一直甜蜜相恋至今。

显然，"装假成真"原理可以帮助人们走到一起。但是，这个原理能让人们永沐爱河吗？

读手相的威力

你是不是单身人士？你想利用"装假成真"原理来改善自己的爱情生活吗？还是说，你想给现有的亲密关系重新注入活力？感情幸福的情侣会牵着彼此的手，讨论各自的生活。以下这个有趣的练习，可以促进两人表现出感觉对方很有吸引力的样子。

把 86 页的手相图撕下来，放在钱包或背包里。对于单身的读者，如果遇到了喜欢的人，请问问对方想不想让你看手相，虽然完全不准，但保准有趣。如果对方同意，那就拿出这张纸，让对方掌心朝上伸出手来。如果读者已经在恋爱之中，那就告诉伴侣，你最近突然拥有了一种神奇的第六感，让对方伸出手来。

无论选择哪种方式，都要轻轻地把你的手放在对方的掌心朝上的手掌下，用另一只手轻触对方手上的线条，并参照这幅图透露一些信息。试着把读手相的过程营造得轻松愉快，尽量避免去读对方的"生命线",也不要做出忧虑的表情,或是说出"我要告诉你一个坏消息"这种话。另外,试着让对方谈谈自己,让对方注意到你俩的相似之处。最后,务必要找个时机告诉对方,看手相完全是无稽之谈,你纯属是闹着玩的。

为了帮助你把每条掌纹读得"有模有样",下面有10个提示,每个提示对应的谈话内容如下:

(1) 这条掌纹表示你有一段幸福的童年,你有一个特别喜欢的玩具……

(2) (在看完一条掌纹后)在过去的几年里,你有过几次起起伏伏,对吗?……你是不是经历过好几次大起大落?

(3) 这条漂亮的曲线说明你很有创造力,却感觉自己在这个领域被什么东西阻碍了……

(4) 哇,你的"智慧线"很长!你是一个独立的思考者,对不对?你不会盲目赞同他人,而是喜欢亲自查证所有事实……同时也相信自己的直觉。

(5) 你能把手举高一点儿吗?看看这条掌纹,这表明你不喜欢别人指示你该怎么做,而且有点儿抵触权威。

(6) 嗯,这条掌纹挺有趣的,表示你很容易感到无聊……你现在脸上百无聊赖的表情,估计就是出于这个原因吧。

(7) 嗯……这条掌纹表明,你有时会为无法控制的情况而担心,你有的时候会有郁郁不得志的感觉。我说得对不对?

（8）你的"想象力"很丰富，这表明你是一个爱做白日梦的人，经常会在枯燥的谈话中走神。难得你现在倒挺专注的！

（9）哦，我喜欢这条掌纹——这条掌纹表明你很诚实，值得信赖。能借我5英镑吗，周末还你？

（10）总体来说，未来看起来很光明。我能看到，你和梦中情人安定下来，过上了幸福的生活。你的梦中情人是这样一个人……（此处插入对自己的描述。）

正能量

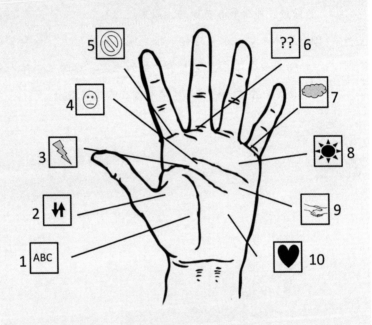

手相术：快速入门

永远幸福的秘诀

刚刚坠入爱河的恋人喜欢一起出去约会,体验很多令人兴奋的新事物。然而随着时间的推移,情侣们很容易陷入窠臼。他们会重复同样的对话,一次次到达同样的地方,对彼此的陪伴心生厌倦。事实上,一些研究项目已经发现,无聊是导致婚姻不幸福的主要原因之一。心理学家亚瑟·阿伦(吊桥实验和眼罩吸管实验都出自他手)想要研究,如果让长期生活在一起的夫妻重新表现出生活充满乐趣的样子,是否能增进彼此之间的爱意。

阿伦招募了 50 对平均婚龄达到 14 年的夫妻,说服他们参加一项为期 10 个星期的实验。他给每个人发了一份长长的活动清单,让他们为各项活动的有趣和刺激程度打分。接下来,他把这些夫妻分成两组,让第一组夫妻每星期花一个半小时进行他们觉得有趣的活动,让另一组夫妻用同样多的时间进行他们觉得刺激的活动。

在研究的最后,阿伦让所有人对他们在婚姻中的幸福程度打分。相比于那些进行有趣的活动(如看电影、出去吃饭或拜访朋友)的夫妻,那些花时间参与刺激的活动(如滑雪、徒步旅行、跳舞或听演唱会)的夫妻明显对双方的关系感到更加满意。

阿伦的研究结果表明,保持长久爱情的秘诀在于,夫妻双方要避免囿于习惯,而要为生活创造兴奋感。若能表现出置身让人心头小鹿乱撞的约会的样子,夫妻双方就能让时间倒流,轻松重现往日的爱意。

掷骰者

这项练习旨在帮助情侣们找回最初几年热恋的状态。首先,你和你的伴侣要分别完成练习的第一部分。

第一部分:浏览下面的活动,圈出你觉得有趣的选项。

乡间散步	坐快艇去旅行
听现场音乐会	吃蜗牛
做体育运动	放风筝
计划一次旅行或度假	进行一次长途汽车旅行
去购物	赌马
到海滩去	在游乐场的游乐设施上接吻
创作一件艺术品	在地图上随意插一个大头针,到那儿去旅行
重新布置/装饰你的家	参与酒吧智力竞猜
观看一场体育比赛	学习一些马戏杂耍技巧
去一家新餐厅	划独木舟
参加一次讲座或演讲	掰手腕
露营、徒步旅行或划船	潜水或从高空跳板上跳水
邀请朋友一起吃一顿饭	在星空下入睡
学习风帆冲浪	乘坐水上飞机
去跳舞	进行一次长途火车旅行
逛集市或动物园	写一封情书
做一次按摩/去保健中心	乘坐一台巨型过山车
去健身房运动	玩彩弹射击
计划一次大采购	乘坐热气球旅行
参观博物馆或艺术展览	和海豚共泳
去电影院看电影	高空跳伞

现在，再列出两个你觉得刺激的活动。

活动 1: _____

活动 2: _____

第二部分：和你的伴侣一起坐下来，看看你们的评分和答案。选择 6 个你们都觉得刺激的活动，写在下面的空格中。

20 世纪 70 年代初，作家卢克·莱恩哈特出版了一本名为"骰子人生"的小说。书中讲述了一名精神科医生根据掷骰子的结果做出人生重大抉择的故事。现在，换你来扮演掷骰者的角色。找一枚骰子，掷骰并读出数字，找出相应的活动。务必在接下来的两个星期内进行这项活动，然后每两个星期重复一次。

掷骰者

(1) _____

(2) _____

(3) _____

(4) _____

(5) _____

(6) _____

几个世纪以来，科学家一直在努力挖掘爱情的奥秘。根据少数已经发展起来的传统理论，是爱情让你心跳加快，促使你用渴望的眼神凝视伴侣的眼睛。而"装假成真"原理却表明，事实

恰恰相反：表现出恋爱中的样子，可以点燃你激情的爱火。鼓励素昧平生的陌生人牵起手来，用脚缠绵，丘比特就会突然将弓拉满。让长期交往的情侣重温第一次约会的兴奋，他们便会突然发现，对方又重新拥有了往昔的魅力。这个简单但意义重大的原理可以帮助我们找到真爱，从此过上幸福的生活。

原来，并非爱情改变了一切。而是我们通过改变行为，创造出爱情这种世界上最令人向往的感情。

第三章

用行动保持
心理健康

在这一章，我们将与"神经症领域的拿破仑"会面，探究为什么观看体育比赛会激发愤怒情绪，找到应对恐怖症、焦虑症和抑郁症的最有效方法。

行动是绝望的解药。

——琼·贝兹

1

躯体瘫痪会导致情绪体验的丧失

当你读到这段文字的时候,全世界有数以百万的患者正经受着某种形式心理障碍的困扰。有的人正在努力与某种恼人的恐怖症共生,有的人过度焦虑,还有很多人深陷抑郁之中。一个多世纪以来,科学家和心理学家一直在努力寻找治愈这些障碍的方法。大家的切入点各有不同,有的人会给患者药物,有的人会进行脑部手术,有的人则通过谈话治疗。那么,"装假成真"原理能否帮助这些人摆脱消极心理的困扰呢?

在一篇题为"什么是情绪?"的论文中,威廉·詹姆斯第一次向我们介绍了这一富有突破性的理论。在这篇文章的结尾,詹姆斯提出了一个激进大胆的预测。他认为,如果说行为引发了情感,那么全身瘫痪的人就不应该体会到情绪。他还意识到,相关实验操作起来非常棘手,部分原因在于,一个完全不能动弹的人的情绪体验是很难界定的——"必须承认,想要对这个假设的真实性进行必不可缺的验证,就像提出果断的驳斥一样困难"。在詹姆斯写下这篇经典论文80年后，研究人员终于想出了一种巧妙的方法开展他的实验，也由此为寻找疼痛管理及治疗恐怖症、焦虑和抑郁的新方法奠定了基础。

想要真正了解这项设计精妙的研究，我们必须了解自己的身体构造。你的身体非常神奇。不，说真的，你的身体真的很神奇。在你的体内，有一条从头到脚覆盖全身的生物高速公路，就在此时此刻，正有数以百万计的电脉冲正沿着这条公路急速飞驰。

在这条高速公路上，其中的一条车道正将信息从你的感受器传输到大脑之中。当你阅读这些句子时，这些受体正在努力运转。当你坐下的时候，腿部和臀部的感受器会不断向大脑发送"上半身的重量压在我身上"的信号。每次你翻页的时候（如果你使用的是新潮的电子书阅读器，那就是在你按下翻页键的时候），指尖的感受器就会把活动的信息传送到你的脑部。你的膀胱和消化系统也会通过高速公路向大脑传输信息，决定你是需要上厕所还是吃些东西。同样，将信息从眼睛后方持续传递到大脑的约数百万条纤维也正不亦乐乎，忙着传达书页上每个文字的形状，并因为能在这样一本"著作"中得到提名而沾沾自喜呢。

而这条生物高速公路上的另一条车道，则往相反的方向传递信息，将信号从大脑传输到身体。如果你现在正坐着，那么这些冲动便会不断地向你的主要肌肉发送微小的信号，确保你在椅子上保持平衡。每当你翻页或按下翻页键时，这些信号便会控制你的手做出精密的动作。当你的大脑兴奋起来时,便会通过这条高速公路发送信号,加速你的心跳,并提高呼吸频率。当你阅读这些单词的时候,高速公路上的其他信号会命你快速扫描页面上的的① 每一行文字,并为自己没有发现多了一个"的"字而感到有些懊恼。

这条高速公路从你大脑的底部开始,沿着脊椎向下延伸,上面布满了允许信息在身体各个部位来回传递的神经接点。通往脊椎底部的接点将信息传递给你的双脚和双腿,通往公路中段的接点将冲动传递到你的双手和双臂,通往公路顶部的接点则会与你的面部和双眼沟通。同样地,进出膀胱的信息会在脊柱底部与高速公路汇合,消化器官与高速公路的汇合处稍高一些,而心脏则受到脊柱顶部接点信号的控制。

如果这个互相联通的复杂信号系统突然失效,你的多个器官便会衰竭,你也会在瞬间死亡。好在,大多数人的神经系统都能非常精准地运转。生命中每时每刻,信息都会在身体和大脑的高速公路和支路上飞驰,让你得以感知周围的环境,四处行动,维持生命。不仅如此,整个神经系统已经进化到了无须刻意控制便可运转自如的程度,让你得以将注意力放在生活中品质更高的事物上,比如欣赏伟大的艺术作品,理解科学的进步,或是在休息日紧急找一位水管工。

20 世纪 60 年代中期,心理学家乔治·霍曼在亚利桑那州的

---

① 此处多加了一个"的"。——编者注

退伍军人医院工作。作为一名截瘫医生，霍曼意识到，他的患者提供了一个独特的机会，让他能够验证詹姆斯"身体静止不动会阻滞情绪"的预言。霍曼的许多瘫痪患者的病因在于脊柱受损，而损伤的程度与其活动能力的丧失直接挂钩。例如，脊柱底部的伤害会切断高速公路的下端，导致腿部失去运动能力和感觉。相比之下，脊柱顶部的损伤则会破坏更长一段高速公路，导致腿部和手臂失去知觉和运动能力。霍曼推断，如果詹姆斯的预言正确，那么脊柱损伤部位越高（导致身体能够活动的部位越少），情绪体验的丧失就越大。

霍曼找到了几位受伤部位分布于脊椎上 5 个部位的患者，并询问了他们的情绪体验。

作为研究的一部分，他让患者比较了受伤前后产生恐惧情绪的频率。脊柱底部受伤的患者表示差异很小，而脊柱顶部受损的患者却表示在受伤后变得无所畏惧。他们的报告让我们清晰窥见了缺乏情绪体验的状态，其中一位无所畏惧的患者表示："看到不公平的现象，我有时会装出非常愤怒的样子——我会大喊大骂、大肆抗议，因为我发现，如果不偶尔这么做，别人就会欺负你。但是，我感觉到的已经不是从前的那种怒不可遏，而是一种精神上的愤怒。"

霍曼也就悲伤等其他情绪提出了问题，得出了同样的规律：脊柱损伤的位置越高，患者能够活动的身体部位越少，体验情绪的能力也就越差。

霍曼的研究结果是对詹姆斯智慧结晶的伟大致敬，也证明了身体对于情绪所起的关键作用。正如詹姆斯在 80 多年前所预言的那样，脊柱受损的区域越高，情绪体验的损失就越大。

近年来，其他研究人员也想要一探詹姆斯的理念是否适用于面部表情。面部无法动弹的人，情绪体验是否也会打折扣？研究人员本可以花上数年时间对不同程度的面瘫患者进行追踪，对他们的情绪体验进行评估。然而，他们采取了一条解决这个问题的捷径，找到一组自愿让面部瘫痪的参与者参加实验，从而节省了大量的时间和精力。

肉毒素（在科学界被称为"肉毒杆菌毒素"）注射是世界上最受欢迎的美容疗法之一。这种物质可以麻痹令面部肌肉收缩的神经，其最初的研发目的是帮助面部肌肉痉挛的患者。研究人员在 20 世纪 90 年代早期发现，将这种化学物质注射在两眉之间的皱眉纹上，可导致前额部分瘫痪，从而显著减少皱纹。尽管这种疗法会让人看起来更加年轻，但有时也会使人稍微显得面无表情或表情僵硬。

哥伦比亚大学巴纳德学院的乔舒亚·伊恩·戴维斯及同事想要知道，能否围绕这种让人重返青春的方法组织一场巧妙的实验，来检验詹姆斯的理论。戴维斯为实验招募了两组女性，其中一组刚刚接受过肉毒杆菌注射治疗；而另一组则选择了一种不同的治疗，在前额注射一种"填充物"。这两种治疗方法的目的都旨在打造出更加年轻的外观，但只有肉毒杆菌会使面部肌肉麻痹。戴维斯让这些女性观看了几个视频片段，其中包括一个男人吃活虫子的恐怖片段、一个美国家庭滑稽录像中的搞笑片段，以及一部严肃的纪录片。在观看完每段视频后,这些女性都要对自己的感受进行打分。与注射过填充物的女性相比,注射肉毒杆菌的女性反映出的情绪较小。也就是说,该实验证实了詹姆斯的理论,即活动能力的缺失(在这个例子中,是面部表情的缺失)的确会导致情绪体验的丧失。

脊椎受伤的患者及注射肉毒杆菌的女性都明确告诉我们:抑制人们的活动和面部表情,会阻碍他们对某些情绪的感受。从不利的方面来说,这些人不太可能体验到幸福和喜悦等积极情绪;但从有利的方面来看,这些人也不太容易受到愤怒和焦虑等负面情绪的影响。研究人员想要知道,能否利用这种有利影响来回避人们不喜欢的情绪,于是,他们着手展开了研究。

2

放松能够消除疼痛，平静能够化解愤怒

20世纪70年代，英国医生彼得·布朗访问了中国的一家儿童医院，观察医院里的医生如何进行扁桃体切除手术。他被自己目睹的场景深深地触动了。

在西方国家，接受扁桃体切除术的患者经常表示自己经历了巨大的疼痛。但在中国，情况却完全不同。布朗说，他看到医生的手术室外站着一排面带微笑的5岁儿童。护士迅速给每个孩子喷上咽喉麻醉喷雾，然后带进房间。一进屋子，那个依旧笑盈盈的孩子便会爬上一张桌子，然后张开嘴巴。几秒钟之内，医生便把扁桃体切了下来。之后，孩子便走到恢复室，几乎没有表现出任何不舒服的迹象。

切除扁桃体的西方国家患者和中国患者在不适感上表现出的巨大差异，向我们说明了疼痛的主观性。这并不是个例。很多人都会经历完全相同的医院手术、事件、疾病或事故，但感到的疼痛程度却千差万别。这是为什么呢？根据"装假成真"原理，答

案很大程度上取决于人们行为方式的不同。

在一些社会心理学实验中,研究人员会告诉参与者,他们要对另一个人实施带有危险性的电击,而实际上,这些"电击"并没有危害,且另一个人只是实验的托儿。然而,在大学伦理委员会成立之前(许多心理学家都不无怀念地将这个时代称为"美好的往昔"),在一些研究中,研究人员真的会对参与者实施真实而痛苦的电击。

达特茅斯学院的约翰·兰泽塔与同事进行了一项类似的实验。他每次邀请一名志愿者到实验室,为这个人连上两台机器。首先,研究人员将电极放在参与者的腿部和左手上,并将电线插入电击器中,再将汗液传感器放在参与者的右手上,以便持续测量其压力水平。在确定电击器和汗液传感器运转正常后,研究人员便会离开实验室,来到隔壁的房间。

研究人员可以通过闭路电视系统听到和看到参与者,并进行交谈。参与者被告知自己将会受到一系列强度不等的电击,并要喊出1(没什么感觉)到100(等你们进来,我非让你们吃不了兜着走)之间的一个数字,对每次电击带来的疼痛程度进行评估。然后,研究人员进行了20次电击,并仔细记录下每位参与者喊出的数字。

在短暂的休息后,兰泽塔解释说,还会有第二次电击,但这一次,参与者要尽量隐藏自己的感受。按照要求,每位参与者都要坚强起来,对一切情绪表达加以克制,尽量避免尖叫,采取放松的姿态。就这样,第二轮的20次电击开始了。每一次遭受电

第三章 用行动保持心理健康

击,参与者都要喊出他们的评分。

实验结果相当显著。当参与者表现得镇定自若时,感受到的疼痛程度要低得多。不仅如此,汗液传感器的数据显示,他们的压力确实小了许多。多年来,这项研究被重复了许多次,而得到的结果却次次相同。

这种难以理解的结论,为我们解释了中国儿童在切除扁桃体时表现得如此镇定的原因。在彼得·布朗访问时,中国儿童接受的教育告诉他们要以积极的态度对待手术,因此在接受手术时,他们能够保持微笑,也表现得很放松。

这种效应也有助于解释其他一些与痛感有关的有趣现象。例如,在较为简单的手术中,如果患者不去看创口或注射处,疼痛感就会减轻。因为这样一来,他们就不大可能表现出痛苦的表情或摆出紧张的姿态,感觉到的不适也会随之减少。其他通过转移注意力止痛的有效方法也遵循了同样的原理,比如意象法、催眠和放松技巧。在每一种方法中,人们都会表现出一切安好的样子,而实际感受到的疼痛也会相应减少。

研究人员受此效应的启发,开始研究表现出强壮有力能否进一步降低疼痛感。多伦多大学的瓦妮莎·博恩斯和同事招募了一组人参与实验,并表示,该项实验旨在研究在工作场所进行锻炼会对健康产生什么益处。一些参与者需按要求摆出一种与支配和权威相关的姿势,比如挺起胸膛,把手臂向后张开。相反,其他人则要将身体蜷缩成球状,表现出无力的样子。接下来,研究人员在每位参与者的手臂上绑上止血带,慢慢充气。止血带会逐渐减少血液流动，让参与者感到越来越痛。研究人员解释说，觉得无法忍受这种不适时，参与者应该表达出来。实验结果非常显著，相比于那些蜷缩成球的参与者，那些摆出支配姿势的人对止血带压力的承受力要强得多。表现出强大有力的样子，有助于驱赶不想感受的情绪，也证明了"昂首挺胸"的实际功效。

针对"装假成真"原理和疼痛进行的早期研究的结果，鼓舞研究人员进一步深入，探索同样的方法是否可以用来缓解其他不受欢迎的情绪。例如，我们能够利用这种方法给那些怒火中烧的人"灭火"吗？

控制内心愤怒的"绿巨人"

愤怒对人有害，这种情绪往往会让我们做下蠢事，不理智地冒险，脱口而出很快就会后悔的言论，或是诉诸暴力（在美国发生的绝大多数谋杀案件中，愤怒都扮演着主要或次要的角色）。愤怒对周围的人也同样有害。心理学家马丁·塞利格曼用了5年时间对400名儿童的生活进行了跟踪调查，并重点关注那些父母经常争吵的家庭。研究结果表明，争吵不断的家庭培养出的孩子被诊断患有抑郁症的概率更高，并更有可能在之后的人生中出现心理问题。

那么，想要控制你内心充满愤怒的"绿巨人"，最好的方法是什么呢？为了找到答案，我们必须回到19世纪末，与世界上最著名的一位心理学家共度一段宝贵的时光。

让-马丁·沙尔科被誉为"神经症领域的拿破仑"。这位19世纪的法国临床医生是一位魅力超凡的演说家,钟爱营造富有戏剧性的氛围,也为现代神经学奠定了基础。以他的名字命名的疾病超过15种,除此之外,他还对多发性硬化症和帕金森病的病因进行了开创性的研究。在这些斐然的成就之外,沙尔科最为人所知的,还要数他对潜意识的非凡探索。

沙尔科痴迷于大脑的奥秘。为了进行研究,他经常把巴黎精神病院的患者组织到一起,对潜意识进行各种探索。大部分的实验,都是在沙尔科给同行讲课的现场进行的。1887年,法国艺术家安德烈·布鲁耶参加了几次沙尔科的讲座,并用画笔现场记录了这位"神经症领域的拿破仑"的形象。沙尔科站在画面的右侧,穿着一身精神的黑色西装,而画面的左侧大约有30个人,正在一边专注地看着他一边做笔记。沙尔科的左臂向外伸出,揽着一位失去知觉的女士。

布鲁耶画中的女人是沙尔科实验最知名的一位参与者,名叫布朗什·维特曼。据当时的历史学家描述,维特曼拥有"高大而强壮的身体"和"极其丰腴的胸部",她曾多次歇斯底里发作,经常小便失禁,并承认与自己的雇主发生过性关系,因此被送进了精神病院。在讲课的过程中,沙尔科会先让维特曼进入催眠状态,然后让她做出一系列奇怪的举动,包括表现出紧张状态,用头顶和脚尖支撑摆出奇怪的拱形,进行镜像书写,以及在皮肤上划出某些单词的痕迹……沙尔科认为,这些现象是维特曼潜意识的呈现,可以用来探索大脑最深处的运作机制。每次催眠的尾声,沙尔科都会压迫维特曼的"卵巢区域",将她从催眠状态中唤醒，然后，"瞳孔大张"的她便会再度回到现实中。

沙尔科对人类心理的这种颇具戏剧性的探索方法，很快成为街谈巷议的话题，来自欧洲各地的学者也纷纷赶来，想要一睹他的神奇演示。1885年，一位时年29岁的奥地利医生观看了沙尔科的一次演示，他的名字叫作西格蒙德·弗洛伊德。在看到沙尔科的现场演示之前，弗洛伊德曾打算从事医学事业，并进行过大量的研究。他曾经为寻找生殖器官而解剖过数百条鳗鱼，却未能成功。在看到沙尔科放大几名年轻女性患者瞳孔的表演后，弗洛伊德坚信，潜意识在许多心理障碍中都扮演着关键角色。

弗洛伊德吸食了大量的可卡因，且几乎雪茄从不离口（各位读者可以自行决定要不要联想到口唇期人格），最终，他提出了一个具有颠覆性的心理学分支，即精神分析学。根据他的观点，人们习惯把不想体会的想法从显意识推到潜意识之中。在潜意识领域，具有威胁性的想法会逐渐消失，积累成精神能量。当人们的精神能量积累到一定程度时，这些想法又开始以各种不健康的方式对显意识产生影响，比如产生不安感，患上神经症和焦虑症等。

弗洛伊德认为，在这些被压抑的思想变得过于强大之前加以释放，对人们的心理健康有益。因此，他尝试着开发出一种可作为潜意识"排泄阀"的治疗方法。最初，他追随沙尔科的脚步，尝试对患者进行催眠。意识到这种方法几乎没有效果后，弗洛伊德立即选择了放弃，转而对其他几种方法进行探索，其中包括梦的解析（治疗师尝试揭示患者梦境的象征意义）和自由联想法（治疗师说出经过精心挑选的刺激词，如"椅子""桌子"和"高潮",患者则需说出脑海中浮现的第一个词语)。弗洛伊德使用这些技巧对自己的潜意识进行分析,并判定自己在两岁左右就对母亲产生了性冲动。

弗洛伊德的思想迅速流行起来,大约在20世纪初,精神分析法开始在世界各地传播。1909年,他受邀到马萨诸塞州的克拉克大学进行了一系列的演讲,广受好评。这是弗洛伊德第一次也是唯一一次在美国发表演讲,利用这个机会,他对自己热爱的精神分析法进行了全面阐述。

在弗洛伊德访美时,威廉·詹姆斯已经67岁,并患有一种非常折磨人的心脏病。尽管身体状况不佳,但他还是专程来到克拉克大学听弗洛伊德的演讲。詹姆斯对弗洛伊德的观点不以为然,后来,他将弗洛伊德关于梦境象征主义的观点称为"危险的方法",并认为这位伟大的精神分析学家不仅受了蛊惑,且"痴迷于固定观念无法自拔"。

詹姆斯和弗洛伊德在许多问题上存在分歧,其中就包括极度愤怒的病因和疗法。弗洛伊德的理论认为,人们愤怒的原因是压抑了暴力的想法,因此,使用安全的方式释放这些情绪是一种宣泄和疏导,比如捶打枕头、大喊大叫或是跺脚。而与之相反,詹姆斯的理论却推测,人们之所以感到愤怒,是因为他们表现出了愤怒的行为,而弗洛伊德的宣泄疗法只会加重他们的怒气。多年来,心理学家一直在进行各种研究,想要一探这两位伟大思想家之中哪位是正确的。

最早一位参与这场争端的,是新罕布什尔大学的社会学家默里·斯特劳斯。20世纪70年代初，斯特劳斯不无担忧地发现，对于努力维系感情的夫妻，心理学家给出的建议清一色带有浓重的弗洛伊德色彩。这些建议大多来自"治疗性攻击运动"，认为夫妻在交流想法时不应有所保留。当时的宣传手册鼓励人们"释放被压抑的敌对情绪""让这种情绪狂暴地爆发出来"，并鼓励人们把塑料奶瓶想象成自己的伴侣，使劲撕咬。

为了弄清这种激烈行为究竟促进还是破坏了感情，斯特劳斯进行了一项简单的实验。他推断，如果宣泄理论确实有效，那么互相言语攻击的夫妻就不太可能对彼此进行实质的身体攻击。斯特劳斯还意识到，当事人可能很难如实汇报自己有攻击性的行为，因此便要求学生暗中监测父母的言语和身体攻击情况。300多名学生认真完成了调查清单，报告了父母在面对问题时的反应。他们是否倾向于用有建设性的方式讨论问题？是否会使用语言暴力，比如大喊大叫、摔门而出？是否会产生肢体上的冲突，比如朝着对方摔东西或大打出手？

斯特劳斯对问卷结果进行了分析，并发现了一个明显的规律：夫妻之间的言语暴力越多，产生肢体冲突的可能性就越大。正如詹姆斯所推测的那样，大喊大叫并不能宣泄情绪，反而会促使人们带着怒气行事。詹姆斯以1∶0的比分险胜弗洛伊德。

接下来，我们来看看研究人员在工作场所进行研究的结果。来自加州大学圣迭戈分校的埃贝·埃贝森和同事得知，当地的一家工程公司准备进行大规模裁员。员工们有充分的理由感到愤怒，因为他们拿到的本是一份为期3年的合同，却在仅仅一年后就被解雇。埃贝森分别用两种不同的方法对公司的一些员工进行了采访。他们鼓励其中的一组员工表达对公司的不满（"能谈谈你对所受到的对待有何感觉吗？"），对另一组员工则提出了不带感情色彩的问题（"能描述一下公司的工程数据库吗？"）。采访结束后，所有员工都要用打分的形式评价自己对公司的敌意和愤怒情绪。那些被鼓励怒吼咆哮的人是否表现出了较低的敌对情绪呢？事实并不如此。结果再次呈现出了截然相反的规律，那些释放愤怒的员工要比被问及公司数据库的员工敌对情绪更大。弗洛伊德得分为零，詹姆斯又得一分。

最后，我们来看看关于敌对情绪与观看体育赛事之间联系的研究。人们在观看橄榄球比赛时，常会为自己支持的球队加油，并大声辱骂对手。弗洛伊德学派认为，这种攻击性行为是一种宣泄，也就是说，人们的敌对情绪会在赛后明显减少。与之相比，詹姆斯观点的支持者认为，这些吵嚷和嘲弄会激化人们的愤怒。天普大学的杰弗里·戈尔茨坦决定一探哪个阵营才是正确的。

戈尔茨坦安排一小队研究人员来到一场大型美式橄榄球赛的现场。比赛开始前，研究人员在体育场的转门附近闲逛，随机挑选一组观众进行采访。采访非常简短，包括询问观众支持哪支球队，以及觉得自己的情绪是否具有攻击性。比赛结束后，研究人员再次来到转门前，随机选择离场的观众进行采访。

结果表明，无论观众支持的球队是赢是输，他们在赛后的攻击性都有明显提升。戈尔茨坦担心，这种攻击性的增加可能是因为观众置身于人群之中，或者只是因为他们观看的是竞技比赛。

于是，他重新组织自己的精锐研究团队，让他们在当地的一场体操比赛中进行相同的采访。尽管这些观众也同样在拥挤的环境中观看了竞技比赛，却没有大喊大嚷和讽刺奚落，在比赛结束后也没有明显表现出更强的攻击性。戈尔茨坦的数据表明，橄榄球比赛能够促使观众表现出攻击性行为，这种行为则激发了他们的敌意。弗洛伊德得分仍然为零，詹姆斯则一连三胜。

这种诱导出的敌对情绪会对社会产生实实在在的影响。苏格兰的格拉斯哥市有两家职业足球俱乐部。其中，凯尔特人足球俱乐部总部位于格拉斯哥东部，历来一直得到天主教群体的支持，而流浪者足球俱乐部总部位于城市西南部，历来得到新教徒的追捧。两家俱乐部长期处于势不两立的状态，双方的支持者经常在比赛中高喊充满敌意和带有威胁性的口号。2011年，苏格兰警方请来的研究人员对比了两队赛后和没有比赛时该市的犯罪率，得出的结论相当惊人。当流浪者队在星期六午餐时间对阵凯尔特人队时，格拉斯哥市的暴力犯罪几乎增加了两倍，家庭暴力事件增加了一倍多。

管理情绪，平静下来

艾奥瓦州立大学的心理学家布拉德·布什曼进行了几项实验，向我们展示了如何通过表现出冷静的样子来迅速浇灭愤怒情绪。例如，在一项研究中，布什曼让大学生花20分钟进行或轻松或暴力的电脑游戏。在其中一项轻松的游戏里，学生们可以在安静的水下栖息地一边游泳一边寻找沉没的宝藏；而在暴力游戏中，学生们则要用极尽残忍的方式对僵尸大开杀戒。然后，学生们需按要求与一名看不见的玩家在另一个游戏中对战，如果赢了，就可以给对手播放巨大的噪声。实际上，这个看不见的玩家并不存在，所有学生都能在第二场游戏中获胜。结果很明显：曾在水下栖息地静静畅游的参与者攻击性明显更小，为虚构对手选择的噪声更小且时长更短。

除此之外，布什曼也验证了祈祷具有让人镇定下来的力量。他通过给论文极其负面的评价（上帝啊，这是我读过的最糟糕的论文）激怒一组教会学校的学生，然后让这些学生阅读一篇报纸文章，文章的主人公是一位患有罕见癌症的女性。接下来，一部分学生要花 5 分钟的时间双手合十，为这位女士祈祷，而另一些学生则需要花 5 分钟的时间思考她的处境。5 分钟后，相比于那些思考这位女性处境的学生，做祷告的学生的怒气明显有所下降。原来，平静而放松的行动，也会引出平静而放松的想法。

我在上一本著作《59 秒》中讲过，布什曼同样通过给论文打差评的方法激怒了另一组学生。此后，一部分学生拿到了一副拳击手套，他们看了据说是给论文打差评的老师的照片，并被要求一边在脑中想着这个人，一边捶打一只大约 32 千克的沙袋。剩下的学生则要在一个安静的房间里坐 2 分钟。研究结果又一次有力推翻了弗洛伊德的观点：捶打沙袋会让人们感到更加愤怒，而静坐则会让人们平静很多。

许多愤怒管理课程都会教学员通过表现出好斗的一面来消除怨气，但这种做法并没有效果，就算有，也只会让问题变得更糟。

其他方法则让我们挖掘愤怒的心理根源,以求通过改变思维的方式扭转心情。其实,对于处理愤怒情绪,有一种方式要快捷且有效得多,即平静下来,表现出镇定自若的样子(见下方)。微笑会让你感到快乐,凝视彼此的双眼会让你感觉坠入爱河——出于同一个原理,泰然行事也会让你很快拥有一颗平静的心。

平静下来①

对于那些需要快速且有效处理愤怒情绪的人来说,深呼吸练习往往是一种有效的方法。想要尝试这个技巧,请把舌头抵在门牙后方的上颌上。现在,用鼻子慢慢吸气,数到5;屏住呼吸,数到7;然后,撅起嘴唇慢慢呼气,数到8。将这个练习重复4次。

如果想要尝试一种更长效的解决方案,你可以进行一种叫作"渐进式肌肉放松"的方法。这种方法包括有意识地绷紧各肌肉群,然后再放松下来。

想要尝试这个技巧,脱掉你的鞋子,松开所有绷紧的衣服,

---

① 这里描述的练习旨在让大家大致了解心理学家使用的技巧。如果你觉得自己有愤怒管理方面的问题,请咨询专业人士。

找一个安静的房间,坐在舒适的椅子上。把注意力集中在右脚上。轻轻吸气,尽可能用力地绷紧脚部肌肉,坚持大约5秒钟。接下来,把气呼出,释放所有的紧张,让肌肉变得柔软松弛。按照以下顺序,对全身各部位进行绷紧和放松。

(1) 右脚
(2) 右小腿
(3) 整条右腿
(4) 左脚
(5) 左小腿
(6) 整条左腿
(7) 右手
(8) 右前臂
(9) 整个右臂
(10) 左手
(11) 左前臂
(12) 整个左臂
(13) 腹部
(14) 胸部
(15) 脖子和肩膀
(16) 面部

恐惧是如何产生的?

约翰·布罗德斯·华生不仅改变了心理学的整个进程,也塑造了我们目前对人类心理的理解。20世纪初,华生就职于约翰·霍普金斯大学,无论以哪个标准衡量,他都是一个古怪而复杂的人。在外人看来,他浮夸、外向、自信满满;实际上,他极度缺乏安全感,害怕黑暗,且感情冷淡。华生有些不善社交,在临睡前,他从不吻自己的几个孩子,而是和他们一一握手。每当有人试着探讨他的情绪时,他就会选择离场。

华生坚决反对威廉·冯特的内省法和西格蒙德·弗洛伊德的

精神分析法。他认为，心理学家既然无法确切知道人们脑中的活动，就应该把注意力集中在行为的观察和衡量上。（由此引出了一个笑话，一对行为学家恋人做完爱，其中一位问另一位："我觉得你很享受，你能分析一下我感觉如何吗？"）

华生喜欢让老鼠在迷宫中奔跑。早年时，他在伦敦汉普顿宫建造了一个缩小版的中世纪迷宫，将饥饿的老鼠一只只放进去，仔细观察它们如何四处奔跑、寻找一堆特意放置的食物。在这项现实版的"谁动了我的奶酪"实验中，华生对数百只老鼠进行了观察，发现了这种啮齿类动物的基本学习规律，包括如何探索迷宫，以及在食物已被移走的情况下，它们会在多长时间内持续到访曾经存放食物的地点。

华生坚信，他的研究结果也适用于人类，而生命就像是一个巨大的迷宫。他有一个更具争议的理念：只需将他在迷宫实验中发现的啮齿动物学习规律应用在人身上，便能够塑造任何人的思想。以此为基础，他发表了以下这段著名的言论：

> 给我一批健康且发育良好的婴儿，让我在特殊的环境下将他们抚养成人，我保证可以从中随意挑选任何一个婴儿，无论其天赋、爱好、秉性、能力、才干和祖先的种族如何，都能将其培养成我所选择的任何领域的专家：医生、律师、艺术家、商人、领袖，没错，甚至连乞丐和小偷也不在话下。

华生的这种专注于观察行为的方法迅速流行起来，很快，世界各地的研究人员便开始在越来越复杂的迷宫中放置越来越多的老鼠，以至于一位评论员表示："心理学先是为达尔文神魂颠倒，现在又为华生心醉神迷。"

行为学家逐渐将研究的版图从学习规律拓展到心理学的其他领域，其中，华生对恐怖症的成因和疗法尤为感兴趣。他将西格蒙德·弗洛伊德的学说视为伪科学的胡言乱语，像许多行为学家一样，他也想要找到一种新的方法将其取而代之。

为了推动精神分析理论的发展，弗洛伊德鼓励自己最忠实的支持者暗中观察自家幼童的性活动。1904年，他的一位关系最密切的同事报告说，他化名"小汉斯"的5岁儿子对马产生了一种非理性的恐惧，并提出这或许可以作为一个有趣的研究案例。弗洛伊德表示同意，并开始探索小男孩恐惧的诱因。最初，小汉斯的父亲将这种恐怖症归咎于儿子在被母亲拥抱时产生了过度的性兴奋，另外，马儿巨大的生殖器也让孩子感到恐惧。弗洛伊德不同意这种说法，反驳说这个孩子描述自己梦见了长颈鹿，而长颈鹿的长脖子恰是成年男子巨大生殖器的象征。在反复探讨之后，弗洛伊德在一篇题为"5岁男童恐怖症分析"的论文中描述了他的观点，提出小汉斯的恐怖症是几个因素共同作用的结果，包括被压抑的与母亲做爱的性冲动，以及对自慰的矛盾心理。

弗洛伊德关于小汉斯所谓内心情绪波动的分析让华生深感错愕，他下定决心，要给恐怖症一个更契合实际的解释。

华生的研究方法深受苏联学者伊万·巴甫洛夫研究的影响。早在华生开始在迷宫中放置老鼠的几年前，巴甫洛夫就一直在观察铃声对狗产生的影响。巴甫洛夫进行了一组现已成为经典的研究，先是摇铃，然后给狗一碗食物。不必说，狗一看到食物就会流口水。经过几次这种"响铃—喂食"的实验后，巴甫洛夫发现，仅仅摇铃就足以让狗分泌唾液，由此证明，大脑非常善于学习类似的关联（这一过程在业界被称为"经典条件反射"）。

巴甫洛夫的这个简单而重要的发现有很多实际应用价值。例如，在一项研究中，动物研究人员在一些羊的尸体里掺入了一种能让土狼呕吐的毒药，然后把尸体放在野外。正如铃铛和食物联系在一起会让巴甫洛夫的狗分泌唾液一样，吞下有毒的羊肉后，土狼只要一看到羊就会感到反胃。就这样，土狼攻击绵羊的案例也随之急剧下降。

华生想要知道，同样的机制是否也可以用来解释恐怖症的起因。他推断，某些刺激因素可以导致人们表现出害怕的行为，而恐惧反应或许只是因为人们将某个物体或情境与刺激因素联系在了一起。

为了寻找答案，华生追随弗洛伊德的脚步，对一个毫不知情的婴儿进行了研究。1919年，他和一个名叫罗莎莉·雷纳的学生合作，两人一起选择了一个11个月大的男孩进行实验，他们把这个男孩称为"艾伯特"。华生推测，如果能让艾伯特表现出惧怕什么东西的样子，他很快就会对那个东西产生巴甫洛夫式的条件反射，并出现恐怖症的症状。或许是因为在迷宫实验上付出了太多心血，华生决定让艾伯特对老鼠产生恐惧感。

在开始研究之前，他需要确定艾伯特不怕老鼠，便给他看了各种老鼠和类似老鼠的动物和物体，包括一只兔子、一只猴子和各种毛茸茸的面具。勇敢的艾伯特没有表现出一丝退缩。接下来，大胆的研究人员想让艾伯特把老鼠和一些让他表现出惊恐状的东西联系起来。华生知道，婴儿在听到巨大声响时会吓一大跳，因此便买来了一根大钢条和一把锤子。

然后，华生和雷纳在艾伯特旁边放置了一只小白鼠，每当这位年幼的实验对象去触摸老鼠时，他们就使出全力用锤子敲打钢条。正如计划的那样，随之产生的巨响把艾伯特吓得哭了起来。经过几次"老鼠—敲击"实验后，华生不再敲打钢条，而只是向艾伯特展示老鼠。就像巴甫洛夫的狗听到铃声就会流口水一样，仅仅看到老鼠，艾伯特就会紧张不安。就这样，华生亲手"打造"出了一种恐怖症。

两个月后，华生和雷纳再次找到艾伯特，发现他还是一见老鼠就感到害怕。不仅如此，他的恐惧还扩展到了其他类似的毛茸动物和物体，包括狗、海豹皮外套以及戴着圣诞老人面具的华生。

同样的原理也可以用来解释小汉斯对马的恐惧吗？谈到汉斯恐怖症的源头，他的父亲描述说，在当地的一家公园，他被一匹拉货车的马摔倒在地的景象吓坏了，特别是马蹄撞在鹅卵石路上发出的巨响。原来，汉斯的恐怖症与压抑对母亲的性冲动或对手淫的担忧无关；相反，这只是一种对畏惧的情况产生的巴甫洛夫式条件反射。

艾伯特在这项研究之后的经历如何，我们不得而知。但华生曾开玩笑说，如果他再长大一些，某位弗洛伊德精神分析学家可能会说服他相信，之所以害怕皮毛，是因为3岁的他在试图玩弄母亲私处时挨了一顿训。相比之下，对于弗洛伊德那位毫不知情的研究对象成年后的生活，大家要了解得多。实际上，"小汉斯"就是赫伯特·格拉夫。后来，格拉夫成为一名非常成功的歌剧制作人，他最负盛名的作品或许要数他对瓦格纳的《尼伯龙根的指环》匠心独运的改编。其中，布伦希尔德的马被替换成了一只脖子特别长的长颈鹿。

对艾伯特进行的实验，给华生的个人生活带来了巨大的影响。在这项研究期间，当时已婚的华生与他的搭档罗莎莉·雷纳发生了婚外情。华生的妻子发现这段关系后提出离婚，这件事也传到了约翰·霍普金斯大学校长的耳中，他要求华生辞职。华生离开学术界，来到一家大型广告公司就职，利用自己在行为学方面的造诣来推销除臭剂、婴儿爽身粉和香烟。华生最成功的一项广告创意，是为麦斯威尔咖啡设计的营销活动。通过这次活动，他将"上班时的咖啡休息时间"的理念引入了美国。

一旦了解了恐怖症形成的原理，心理学家很快便对这种疾病产生了更深的认知，并且发现根除这种障碍的方法非常简单。

慢慢来，别着急

治疗恐怖症最有效的方法之一，是由南非心理医生约瑟夫·沃尔普发明的，被人们称为"系统脱敏疗法"（见117页）。使用这种疗法时，患者首先要接受放松训练。接下来，患者需要建立一个"焦虑序列"，从不太可怕的情形一直延伸到极度恐惧的情形。例如，如果一个人害怕蛇，那么焦虑序列的一端可能是在书上看到一条蛇的照片，而另一端则可能是与房地产经纪人见面。第一个阶段开始时，医生会鼓励患者放松下来，经历焦虑序列较低一端的某个场景（有时也可以通过想象经历）。由于患者表现出不害怕的样子，这种恐惧很快就不再与任何焦虑感联系在一起，然后，患者就可以进入序列中的下一个场景。

大约10%的人患有某种恐怖症，而大约1%的患者会因这种症状饱受折磨。这些患者可能会对开阔的空间、羞辱、血腥甚至数字13产生恐惧感。最终，他们往往会找心理治疗师讨论自己的恐惧，而心理治疗师则会试着揭示问题的深层本质。然而，这种方法只是徒劳。无论恐惧的对象是蛇、蜘蛛、飞行还是公开演讲，都可以通过一种更快且更有效的治疗方法得到治愈。通过循序渐进地改变患者的行为，患者的心态也会慢慢得到永久性的改变。

克服恐惧①

许多旨在帮助人们克服恐怖症的技巧，通常包括以下3个阶段。

---

① 这里描述的练习旨在让大家大致了解心理学家使用的技巧。如果你觉得自己患有严重而棘手的恐怖症，请咨询专业人士。

(1) 学习如何放松：参见 110 页的"平静下来"小贴士。

(2) 构建焦虑序列：患者可以写下 10 件引发焦虑且与其恐怖症相关的事项，然后用从 0（非常低）到 100（非常高）之间的数字为每个事项引发的焦虑程度打分。例如，对害怕坐飞机的人来说，焦虑序列可能是这样的：打包行李、开车去机场、办理登机手续、登机、滑行、爬升到巡航高度、在机舱内走动、气流颠簸、降落、坠毁。

(3) 匹配刺激源：最后，患者要放松，然后尽可能长时间体验序列中的第一个事项（如果没有条件切实体验，也可以通过想象体验）。在停止体验或想象后，患者要用 0~100 的数字为自己的焦虑程度打分。然后继续重复这个过程，直到对该事项的焦虑分值低于 10 分。这时，他们便可以继续进行序列中的下一个事项。每次治疗大约持续 30 分钟。

与"惊恐发作"说再见

大约 5% 的人都经历过惊恐发作。恐怖症的症状很明显，而且非常痛苦：人们会毫无征兆地开始感到胸闷、出汗、呼吸急促和眩晕，在病发期间，他们可能会觉得自己失去了理智，甚至出现濒死的感觉。这种发作通常会持续 10 分钟左右，然后在大约一个小时之后消失。

过去，为了防止惊恐发作，许多医生和精神分析学家都会尝试给患者注射大量药物，或是谈论童年的经历。其实，恐怖症的病理不难解释，还可以通过一种快速有效的方法进行治疗。

在上一章中，我描述了斯坦利·沙赫特的研究。沙赫特指出，体验一种情绪通常包括两个步骤。首先，一个事件或想法会让你的身体立即行动起来。或许你听到了一声枪响，突然手心冒汗；或许你在一次聚会上吸引了一位迷人异性的目光，感觉自己的心脏仿佛停跳了一拍。接下来，你会环顾四周，试图找出是什么导致身体做出这种反应。如果在街上听到枪声，你可能会感到焦虑；但如果你正路过游乐场的射击摊位，那就可能不会有任何不安。同样，如果你认为聚会上的那位异性也觉得你很有魅力，便可能会喜出望外；但如果对方其实是在你身后充满渴慕地看着你的人，你可能会感到有点儿不好意思。

20世纪90年代，牛津大学心理学家戴维·克拉克将沙赫特的理念应用于恐怖症领域。克拉克认为，之所以会出现这种症状，是由于人们将体感误读成了某种重大的危机。根据这一观点，经常有惊恐发作的人容易在感到心跳加速和手心出汗时推断出最坏的可能。一旦认定自己即将发作心脏病甚至死亡，这些人就会变得更加紧张，从而心跳更快、手心出汗更多。这一过程不断自动循环推进，直到让人陷入极度的恐慌状态。

克拉克认为，治疗这些恐怖症既不需要药物，也不需要探讨童年的回忆。相反，尝试教人们放松下来是一个好方法，而更有效的方法，就是鼓励他们用一种更加积极的方式重新解读体感。

为了探索自己的判断是否正确，克拉克召集了一群容易犯恐怖症的患者，让他们通过一种新的视角看待自己。患者们被告知，在感到心跳加速或突然呼吸急促时，不应惊慌失措，而应该将这些感觉视为身体出现轻微焦虑的表现。一些患者担心自己会在惊恐发作时晕倒，但这种情况却从没有发生过。克拉克解释说，这种感觉是由于血液从大脑流向了主要肌肉，由此产生的血压升高反而意味着患者更不容易晕倒，因此，患者们的担心也随之减轻。

事实证明，克拉克的方法非常有效，研究表明，重新解读体感要比放松疗法或药物更加有效。

许多对考试、求职面试、公开演讲或住院感到过度焦虑的人，也因这种疗法而受益。了解了身体过度兴奋的原理以及如何更加积极地解读身体的反应，所有人的症状都得到了缓解（"考试时感到紧张往往有助于集中注意力""多分泌一点儿肾上腺素，有助于在面试或演讲中表现更好""住院前感到紧张是非常自然的反应"）。

对于身体如何产生情绪的了解，衍生出针对愤怒、恐怖症、惊恐发作和一些焦虑症的快速有效的疗法。但是，对于抑郁症这种最普遍也最复杂的心理疾病，这种方法是否仍然有效呢？

摆脱愧疚感

下一页是我祖父威廉·怀斯曼的照片。请把这一页撕下来,尽情"蹂躏"这张照片。肆意破坏吧:画上恶魔角和胡子,在照片上写一段关于他的坏话。把他的脑袋扯下来,把眼睛挖出来。现在就动手吧……

正能量

第三章 用行动保持心理健康

过瘾了吗？现在，让我给你讲一些关于威廉·怀斯曼的事情。威廉住在英国卢顿，做帽子生意。他是一个善良的人，投入了很多时间为各种慈善机构筹集资金，对无家可归和失业的人尤其大方。事实上，威廉每年圣诞都会去当地的医院和孤儿院，给有需要的孩子分发礼物。其中一个孩子乔治·坎宁安，后来成了著名的雕塑家，还为我的祖父制作了一尊半身像以答谢他的慷慨。这尊半身像目前矗立在祖父家的旧址，以表彰他对社区做出的积极贡献，总能勾起我们对他的深沉缅怀。

现在，来看看你对我祖父的照片做了什么。说实话，我真希望你为自己感到羞耻。但是，你不用担心，因为"装假成真"原理可以帮助你减轻负罪感。

普利茅斯大学的西蒙妮·施纳尔明白，不道德的行为通常会让人露出厌恶的表情，但她想知道，只靠露出厌恶的面部表情，能否让人们觉得某件事更不道德。为了解开谜题，施纳尔和同事们准备了几段描述怪异场景的文字，以及一罐臭屁喷雾。

施纳尔的实验地点在一条繁华商业街靠近垃圾桶的地方。研究人员拦下路人，向他们阅读描述各种怪异行为的简短文字（包括近亲结婚、一名男子在车里将一只狗打晕并食用狗肉等），然后，路人要为每个场景的道德指数打分。在此之前，研究人员可能会在垃圾桶上喷上大量臭屁喷雾，也可能什么也不喷。闻到臭屁喷雾的路人会做出厌恶的面部表情，并因此认为这些场景要不道德得多。

受这项研究的启发，另一批研究人员让参与者回忆他们做过的不道德的行为，并用消毒纸巾净手，然后再对自己的内疚程度以及参与慈善工作的意愿打分。洗手后，参与者的负罪感明显减轻。

因此，为了减轻对我祖父照片的不敬所产生的些微负罪感，请洗净双手，让"装假成真"原理冲去你的罪恶吧。如果想要消除更大的负罪感，那就冲个澡试试。

3

用行为激活法对抗抑郁症

据《圣经》记载，扫罗王并不快乐。之所以被选为以色列的国王，主要是因为他的身高"比人高出一个头"。他卷入了几场战争，经常难以控制情绪（"有恶魔从耶和华那里来扰乱他"）。最后，一个名叫大卫的年轻音乐家被召到王宫，他演奏的竖琴曲神奇地缓解了扫罗王的坏心情。接下来，多才多艺的大卫杀死了巨人歌利亚，打败了非利士人。而这位竖琴手的功绩却招致扫罗王的嫉妒，甚至扫罗王曾试图用标枪把他射死。

以《圣经》中对扫罗王的描述为材料，以色列内盖夫本-古里安大学的柳博芙·本-能恩进行了仔细分析，试图用现代精神病学的标准对他的心理问题做出诊断。在排除了物质引起的情绪障碍（《圣经》中没有提到扫罗吸毒）和精神分裂症（扫罗是《圣经》中少数几个不按神的旨意做事的角色）之后，本-能恩得出结论，说扫罗可能患有严重的抑郁症。在后来的一篇论文中，荷兰格罗宁根大学医学中心的马丁·惠斯曼提出，扫罗王的心理疾病可能是由与工作有关的压力引起的,其中一部分原因在于,扫罗王的军队只有 3 000 人,而对手却有"战车 30 000 辆,骑兵 6 000,士兵像海边的沙那样多"的非利士人军队。

遗憾的是,现代流行病学表明,抑郁症并不仅仅存在于这本经典的著作之中。据估计,在大多数西方国家的任何时间点,每 20 人中就有一人罹患抑郁症。一些研究表明,女性罹患抑郁症的可能性几乎是男性的两倍。

这些症状包括感到绝望,不愿起床,不愿与他人接触,食欲急剧下降或暴增,无法集中注意力以及睡眠障碍。在试图解释抑郁的感觉时,一些临床医生会让人们想象"郁郁寡欢加上倒时差时的昏昏欲睡"。每个人都会偶尔感到悲伤,但对抑郁症患者来说,这些症状会持续很长时间,从而对生活产生更加严重的影响。有的时候,抑郁症似乎是对消极事件的反应,比如被裁员或亲人去世;而有的时候,抑郁症却仿佛会在没有明显诱因时露头。关于抑郁症的病因和疗法一直存在着激烈的争论,然而早期的大多数医疗工作者、心理学家和心理治疗师都认为,想要治愈抑郁症,关键在于改变患者的大脑活动。

20 世纪 40 年代,美国医生沃尔特·弗里曼提出,人们之所以感到抑郁,是因为大脑前部和中部之间传递的信号出了问题。基于这一推理,他发明了一种奇怪的治疗方法,也就是切断大脑这两个部分之间的通信通道。在手术过程中,患者受到电击失去知觉,接下来,弗里曼将一种名叫"脑白质切断器"的仪器末端插入患者的泪腺。这是一种冰镐状的仪器,在用手术锤轻敲几下之后进入患者的额叶。然后，弗里曼便会在那里扭动切断器，破坏大脑中出现问题的部位。在职业生涯中，弗里曼进行了超过3 000例此类手术，他是一个爱出风头的人，有时会将患者排列成一条流水线，甚至曾在一天内为25名女性进行过脑白质切除手术。

弗里曼的手术后来得名"前额叶脑白质切除手术"。在接受过弗里曼这一切除术的患者中，一些人的确有所好转，但许多人却承受了可怕的副作用，比如不得不重新学习吃饭等基本功能。弗里曼最著名的失败案例，或许要数美国前总统约翰·肯尼迪的妹妹罗斯玛丽·肯尼迪的手术了。在经历了剧烈的情绪波动和偶而突发的暴怒之后，她在23岁时接受了一次前额叶脑白质切除手术。不幸的是，这场手术使她失去了行动能力，由于学习困难且小便失禁，她的余生都在全职护理的看护下度过。

看到破坏患者额叶带来的副作用后，其他医疗人员开始研究用创伤较小的方式改变人们的大脑。到目前为止，最流行的治疗方法便是使用抗抑郁药物。被称为神经元的细胞会将电脉冲从大脑的一个部分传递到另一个部分，这些神经元会通过释放一种叫作"血清素"的化学物质来彼此交流，每次交流后不久，血清素就被神经元重新吸收。20世纪60年代，科学家发现，大脑中血清素的高含量与良好的情绪相关，因此便开发出阻止神经元对血清素进行再吸收的药物，希望通过这种方法治愈抑郁症。尽管其有效性及潜在的副作用存在相当大的争议，但根据许多研究人员的观点，这类药物有助于缓解抑郁症，且现已成为一种最受欢迎的药物治疗方法。

心理学家再也不愿将尖镐凿入人脑，或是给患者注入大量的药物，因此，他们开发出其他方法，以改变人们的思维方式。

归因的假象

想象一下，你参加了一场考试，结果成绩非常差。一般来说，你会怎样解释自己的失败呢？对于这个问题，人们会给出各种各样的答案。有些人或许会说自己复习得不好，有些人可能会说自己那天状态不佳，或者没有押中题。心理学家认为，可以从一个人的回答中了解到很多信息，他们倾向于通过3个不同的维度对回答进行评估。

首先，你会感到自责吗？如果你觉得，没有通过这场虚拟考试是因为你不太聪明或者没有认真复习，那就是把考试失利的责任归结在了自己身上。从另一方面来说，如果你只是觉得自己那天状态不佳，或者没能押准题，你就是在责怪自己以外的东西。

其次，是持续性的问题。你的回答是否暗示你在以后的考试中也会失利？如果认为自己不太聪明，这就意味着将来还会失败；相反，如果只是觉得自己今天状态不佳，那你就没有理由预期其他考试也会失败。

最后，你的解释对你生活中的其他方面有何预示？举例来说，如果觉得自己不太聪明或是特别懒惰，你或许也觉得自己会在工作或酒吧竞猜中表现不佳。然而，如果你觉得考试失利是因为状态不佳，那么这种判断不会对你的职业生涯或其他方面产生任何影响。

当抑郁的人遇到糟糕的事情时，往往会归咎于自己。他们预测自己会再次失败,给整个生活蒙上了一层乌云。相比之下,那些没有抑郁倾向的人则更有可能规避自己的缺点,期待光明的未来,防止失败影响到生活的其他方面。

在治疗抑郁症时,心理治疗师常会努力鼓励患者注意自己对生活事件的解读,并对解读的方法加以改变。这种方法便是认知疗法(简称为"CT")的核心内容。其他内容还包括让患者辨识出其他存在问题的思维方式,比如"猜心"(指患者对别人的想法妄下定论)、"小题大做"(指患者反应激烈,因为小事大惊小怪),以及"混淆虚实"(指患者将自己的想法和事实混为一谈)。

研究人员进行了几项研究,对比认知疗法和药物疗法,发现二者在治疗抑郁症方面同样有效。因此,世界各国政府和卫生系统都选择了采用认知疗法,鼓励数百万抑郁症患者重新审视自己的思维方式。多年以来,人们对不同疗法进行了各种实验,这种疗法从各方面看起来都很理想。然而实际上,治疗抑郁症的方法远远不止这些。

行为对记忆的影响

我们来做一项小实验。

第一步: 花点儿时间,在脸上"画"出一个快乐的表情。让嘴角向两耳咧开，保持住这个动作。坐直或站直，肩膀往后拉，胸部向前挺。现在，来看下面的3个单词，针对每个单词，想一想生活中与之相关的一件事。然后从每段回忆里摘出几个单词，以便重温这段经历。

树 提示词：＿＿＿＿＿＿＿＿＿＿＿＿＿＿＿＿＿＿＿＿

房 提示词：＿＿＿＿＿＿＿＿＿＿＿＿＿＿＿＿＿＿＿＿

猫 提示词：＿＿＿＿＿＿＿＿＿＿＿＿＿＿＿＿＿＿＿＿

第二步：花点儿时间，强迫自己摆出皱眉的表情。嘴角向下拉，保持这个姿势。接下来，如果你是坐着的，那就驼背前倾。如果你是站着的，那就把肩膀耷拉下来。现在，看看下面的3个单词，针对每个单词想出生活中与之相关的一件事。然后从每段回忆里摘出几个单词，以便重温这段经历。

船 提示词：＿＿＿＿＿＿＿＿＿＿＿＿＿＿＿＿＿＿＿＿

车 提示词：＿＿＿＿＿＿＿＿＿＿＿＿＿＿＿＿＿＿＿＿

狗 提示词：＿＿＿＿＿＿＿＿＿＿＿＿＿＿＿＿＿＿＿＿

第三步：想想你刚刚回忆起的6件事。你觉得这些事是积极的还是消极的？

这项研究最早由克拉克大学的研究人员西蒙妮·施纳尔和詹姆斯·莱尔德进行。他们发现，面带快乐的表情时，人们更倾向于回忆起生活中的美好时光，而在面露苦相时，人们则更倾向于回忆起那些黯淡的岁月。

抑郁症患者往往倾向于沉湎于生活中不太顺遂的方面，这项研究表明，从一定程度来说，这些患者片面的记忆可能是由其行为造成的。因此，如果要回忆生活中美好的事情，那就面带微笑，坐直身体，剩下尽管交给大脑就行。

激活思想

"装假成真"原理认为行为会引发情绪，这有助于解释为什么有些人会难以控制愤怒，受到恐怖症或惊恐发作的困扰。那么，这个原理是否有助于解释抑郁症的病因呢？比如说，抑郁症患者之所以早上起床困难，并不能简单归结为情绪低落，而是在床上躺得太久也会导致情绪低落？大量研究表明，事实确实如此。

大部分关于"装假成真"原理的早期研究都更加关注面部表情和情绪，认为微笑能使人快乐，而皱眉则令人悲伤。临床心理学家发现，表情和抑郁之间也存在着类似的联系。例如，在一项研究中，匹兹堡大学的杰西·范·斯韦林根招募了一组患有面部神经肌肉疾病的患者，并测量了这些患者能够微笑的程度及其抑郁水平。正如"装假成真"原理所预测的那样，面部表情越不活跃的患者，就越有可能感到抑郁。与此类似，皮肤科医生埃里克·芬奇也进行了研究，评估注射肉毒杆菌能否减少一些与悲伤有关的面部表情，从而缓解抑郁。在一项小规模的试点研究中，芬奇给9名抑郁的女性注射了肉毒杆菌，然后对她们的生活进行了跟踪调查。注射会减少这些女性的皱眉次数，但不会减少其他面部表情。研究人员由此预测，这项手术有助于减少女性的悲伤感，从而帮助她们缓解负面情绪。他们预测得没错，注射仅仅两个月后，9名女性的抑郁症迹象就全部消失了。

其他研究则更偏重于从行为学入手，研究舞蹈对抑郁症的影响。海德堡大学的扎比内·科赫及同事认为，舞蹈与情绪低落"水火不容"。在这种理念的驱使下，他们研究了舞蹈对抑郁的影响。科赫召集了一群抑郁症患者，让他们和着欢快的音乐起舞。由于担心音乐或身体活动可能影响实验结果，科赫便让其他两组参与者听同样的音乐，或是骑动感单车。训练结束后，3组参与者的心情都有所改善，但是，那些尽情起舞的参与者的情绪改善最大。

心理学家彼得·卢因森想要知道，通过改变抑郁症患者的行为，是否能让其思维和感受的方式产生变化。

抑郁行为通常牵扯到回避与逃离。在生活中遇到裁员或关系破裂等遭遇时，有些当事人便会回避与人交往，以防未来遭遇更多的痛苦。这种戒断可以表现为很多不同的形式，包括终日躺在床上，回避朋友，情绪性饮食，过度饮酒和吸毒。此外，当事人还可能陷在过去的回忆中走不出来（"如果事情不是现在这样该多好"），或是沉迷于肥皂剧和无脑的电视节目，从而避免考虑未来。不幸的是，所有这一切都会在无意之中带来消极的后果。窝在床上和暴饮暴食可能导致当事人体重增加，羞于面对自己。昏睡不起和沉迷电视可能会招致伴侣的批评。不联系朋友则可能减少受邀出去的机会，让自己越来越孤立无援。

为了扭转这种恶性循环，卢因森发明了一种被称为"行为激活"的简单方法。这种疗法有几个版本，但绝大多数都涉及两个主要阶段。

第一阶段鼓励人们找出自己存在问题的行为，并设定一些总体目标（见下方）。这种方法可以帮助人们了解自身行为的哪些方面属于抑郁症状，树立想要达成的目标。

行为激活：第一阶段

在行为激活的第一阶段，心理学家会使用以下方法找出存在问题的行为，并设定总体目标。

（1）找出存在问题的行为

完成以下问卷。

行为

你会躲着不见朋友和家人吗？

你是否已经不再参与喜欢的活动，比如运动、看电影或外出就餐？

你是否已经疏于照顾自己，比如饮食不合理或不注意个人卫生？

你在学校或职场是否已经不再积极进取？

你是否总是纠结于过去而不去思考未来？

你是否没有兴趣与孩子或伴侣建立良好的关系？

你是否浪费了太多时间看电视、玩电脑游戏或卧床不起？

你是否酗酒、暴饮暴食或吸毒？

看看你选择"是"的行为，你想要对其中的哪些做出改变？

（2）确定想要达成的目标

看看下面列出的选项。选出一两个你重视的方面，以及一两个你似乎做得不好的方面，然后回答与这些方面相关的问题。

人际关系：你想建立一段关系，还是改善现有的关系？你能不能多交一些朋友，或者与父母或伴侣的关系更进一步？

工作和教育：你想在大学里取得好成绩吗，或者在职场取得进步吗？你是否可以尝试经营自己的生意，获得晋升机会，拿到资格证书或是接受培训？

休闲娱乐：你是否想从闲暇时间中获得更多的乐趣？那么，你希望参与哪项运动，或想在哪些兴趣爱好上投入更多精力？

集体生活：你愿意为你的集体付出更多吗？那么，你能不能做一些慈善或志愿工作，或是参与到某项社会活动中？

身体健康：你想变得更健康吗？能不能试试减肥、多运动，或是让膳食更有营养？

"行为激活"的第二阶段鼓励人们投入一项一直规避的活动中,并朝着期望的目标努力(见136页)。重点在于付诸行动,而不要管两耳之间的大脑做何感想。心理学家不再询问人们的感觉如何,而是关注他们打算如何改变自己的行为。

人们会按照要求列出一份具体的活动清单,如果长期坚持,这种做法能让行为发生持久的改变。例如,如果整体目标是多花些时间与人相处,那么具体做法可能包括每星期和一位朋友喝一次咖啡,以及每两个星期与同事出去看一次电影。同样,如果整体目标是拿到一本新的资格证书,具体活动可能分为几步,比如使用互联网查找相关课程,以及和上司讨论请假学习的事宜。在这个阶段,人们可以创建工作进度表,来推动和监测这些行为的变化。

正能量小贴士

行为激活:第二阶段

(1)确立目标行为

回顾之前列出的想要回避的行为以及想要达成的目标。针对每一项列出一个具体的活动清单,帮助你避免想要回避的行为,实现想要达成的目标。

每一项具体活动都应该促进你朝着目标靠近,步伐虽小,但要一步一个脚印。举例来说,如果你想减少赖床的时间,那就可以在星期一到星期五的 9 点起床，晚上 11 点之前不能睡觉。同样，如果你想展开一段新恋情，可以在婚恋网站注册账号，告知朋友你正在积极寻找伴侣，并加入一个读书俱乐部。

所有这些具体的活动都得便于衡量、切合实际且有时间限制。因此，你不能只是简单写下"变得更快乐"几个字，因为这难以衡量，也不涉及具体时间。相比之下，"每两个星期读一本新书"就要清晰得多。

具体活动的样本清单可以包括：每天早上 9 点醒来并下床；每星期参观一家博物馆或美术馆；每星期给父母打两次电话；每星期联系一位朋友，约出来一起喝杯咖啡；每星期写 1 000 字的小说。

(2) 制订计划

用下面的表格为一星期的每一天制订规划，安排你每天想要完成的具体活动以及完成的时间。

星期一：日期：			
时间	计划活动	实际活动	用 1（不太成功）~10（非常成功）的数字给实践情况打分
上午 9 点	醒来，下床		
上午 10 点			
上午 11 点	给父母打电话		
中午 12 点	写 200 字的小说		

在一个星期结束的时候，回顾一下表格，确定你完成的目标

有哪些，没有完成的又有哪些，并把没有完成的目标留到下个星期。以下建议或许能对你有所帮助。

- 不要试图一次性改变行为的所有方面，而应该从小步迈起，慢慢积累。
- 不要让想法成为你的阻碍。如果发现自己老想着失败或者对自己不满意，那就学着接受这些想法，然后继续前进。
- 每个人都偶有失败的时候，因此，如果没能实现所有目标也不要担心。另做一张表格，然后再试一次。
- 刚开始走出舒适区时，你可能会感到困难重重，想要回到之前逃避的状态中去，还会劝解自己"等我感觉好些时再尝试吧"，或是"等到万事俱备的时候再说吧"。不要落入这些陷阱。无论你的心情或想法如何，都要坚持改变自己的行为。

根据"装假成真"原理，这种方法应该有效，而事实又怎样呢？

2006年，华盛顿大学的索娜·迪米吉安和同事进行了一项引人注目的研究。迪米吉安招募了200名患有重度抑郁症的门诊患者，将他们随机分为4组。第一组服用一种名叫"帕罗西汀"的常用抗抑郁药物，第二组服用了一种惰性安慰剂，第三组接受认知疗法治疗，第四组则接受行为激活疗法的治疗。

在此之后，研究小组对患者进行了为期两个月的跟踪调查，想要一探哪种治疗方法的效果最好。研究结果显示,对于最严重的抑郁症患者,行为激活疗法明显比认知疗法更加有效。而且最重要的是,这项研究让我们发现,行为激活疗法与服用帕罗西汀的效果不相上下。

多年来,大批研究一次又一次地得出了同样的结果。在缓解抑郁症方面,想用药物和认知疗法来改变人们脑中的想法并不容易。相比之下,改变行为的方法不仅副作用小得多,而且还能带来同样的收效。

看来,"装假成真"原理的意义不仅仅在于创造幸福和爱,还有助于消除痛苦和煎熬,帮助数以百万计的人们过上更加美好且丰富多彩的生活。

20片碎纸练习:第一部分

在读完下一章之前,我希望大家先完成这个练习。

首先,请把下面这一页撕成20片,每一片的形状和大小都随意。

这个任务相当无聊,大约需要5分钟的时间。你可以现在就撕,也可以留到以后再撕(在下一章结束前我会再次提醒大家)。

第三章　用行动保持心理健康

正能量

第四章

用行动增强意志力

在这一章，我们将了解奖励机制有时为什么会适得其反，并一起探索如何激发他人的内在动机，克服拖延症、成功戒烟和减肥的秘诀。

我祈祷了 20 年的时间,却没有一点儿用处。直到我迈开自己的双腿,才得到了神的回应。

——弗雷德里克·道格拉斯

1

当心适得其反的奖励机制

长期以来,心理学家都试图解开动力之谜。为什么有些人自控力强、干劲十足,而一些人却连早晨起床都很困难?在20世纪60年代针对内在动机进行的诸多研究中,研究人员把鸽子放进特制的笼子里,然后仔细观察这些笨头笨脑的鸟类实验对象。笼子里有一个按钮和一盏灯,研究人员想要训练鸽子在灯光亮起时啄按钮。大量的实验很快表明,得到小粒食物的奖励时,鸽子学习得更快。研究人员将人类假设成没长羽毛的大鸽子,认为类似的奖励机制也可以用来激励人类。这一想法很快被全球各地的组织和政府所接纳。由此,表现良好的囚犯可以享受一定的特权,小学生会在读书时得到糖果,而工作高效的员工则可以获得奖金。

遗憾的是,人们很快就发现,实验室关于鸽子的研究结论无法直接套用在现实世界的人类身上。在这些奖励机制中,有些无法产生长期效果,有些甚至在某些情况下适得其反。

在著作《奖励的惩罚》中，阿尔菲·科恩通过大量证据说明激励措施产生的负面影响。例如，在一项研究中，研究人员对1 000多名想要戒烟的人进行了跟踪。他们将烟民随机分为两组，要求每个人参加一门旨在帮助戒烟的8星期课程。其中一个小组的参与者可以通过参与戒烟课程获得各种奖励，包括一只免费的陶瓷马克杯以及一次免费夏威夷旅行的机会。另一组则作为对照组，没有任何奖励。刚开始的时候，奖励的效果很好，得到马克杯和梦想着阳光海滩的参与者对课程表现出尤为强烈的热情。然而，当研究人员在实验开始3个月后再次访问参与者时，却发现对照组和激励组中成功戒烟人数的比例相同。一年之后，相比于对照组，激励组中反倒有更多人重新开始吸烟。

弗吉尼亚理工学院的心理学家斯科特·盖勒进行了另一项调查，回顾总结了28项鼓励人们使用安全带的研究。6年间，斯科特对近25万人的数据进行分析后得出结论，从长期来看，通过现金或礼物鼓励人们系安全带的方式效果最差。而针对鼓励学童阅读的奖励计划进行的大规模调查，同样没有显示出长期的效益。

此外，研究人员也调查了针对创作设置的奖励。大家可能会觉得，只要给艺术家一大笔钱，就能很快激励他们迸发创意。马萨诸塞州布兰迪斯大学的特蕾莎·阿马比尔邀请了一批专业艺术家，让他们对受委托和自发创作的作品的艺术价值做出评判（没有区分二者）。结果发现，自发创作的作品比受委托完成的作品得到的评价更高。

阿马比尔担心,这个实验结果或许并非出于奖励的消极影响,而是因为艺术家的风格受出资者的要求所限。因此,她进行了一项环境更为可控的研究。她招募了一群崭露头角的新人作家,让他们写一首俳句风格的诗歌,且第一行和最后一行都要有"雪"这个字。然后,他们将参与者分为两组。其中一组需要思考成为伟大作家带来的巨大财富,而另一组则要思考从工作本身获得的乐趣。最后,所有人都要以"笑"这一主题创作另一首俳句诗。

然后,阿马比尔召集了12位诗人,让他们阅读关于雪和笑的俳句诗,并为这两首诗的创意评分。在描写雪的时候,两组参与者表现出了同等的创意。然而,在创作关于笑的诗时,思考写作潜在回报和财富的一组参与者表现出的创意明显不佳。也就是说,仅仅思考奖励,也能产生有害的影响。

这些研究结果,让许多心理学家出乎意料。在实验室里屡试不爽的奖励机制,为何会在日常生活中碰壁呢?

内在动机是奖励的关键

随便找一位社会心理学家交流一段时间,你就会听到这个关于睿智老人和坏孩子的故事。

故事的内容是这样的:在一个条件恶劣的社区里,住着一位睿智的老人。有一天,一群乖戾的少年决定给老人捣乱。每天,这些少年都会从老人的房子前面走过,对他大声辱骂。换作其他老人，大多会觉得最好的办法是以牙还牙，打电话报警，或者指望这群年轻人最终能对自己的无耻行径感到厌倦。然而，故事中的这位睿智老人深谙心理学之道，因此，他想出了一个技高一筹的方法。

老人坐在屋外，等着那群少年找上门来。这群人一出现，老人立即递给他们每人一张 5 英镑的钞票，并解释说他很乐意付钱听他们辱骂。几个人一头雾水地接过钱，像往常一样谩骂了几句。老人每天如此，坚持了一个星期。

接下来的一个星期，情况有了些许不同。那群少年再次造访时，老人解释说，他这星期手头很紧，所以只能给他们每人 1 英镑。这群少年并不在意，继续接过钱，一如既往地骂起来。

而第三星期伊始，情况又发生了巨大的变化。当这群少年造访时，老人解释说，这星期他的手头也很紧，因此只能给每个少年 20 便士。这些少年因为钱少而认为自己遭到了冒犯，于是不愿再继续骂人了。

这个故事十有八九是杜撰的，但也确实反映了一个基本的事实，即人们做事的内在动机。为了充分理解这位老人行为背后隐藏的智慧，我们需要回到 20 世纪 70 年代，看看付钱让一群人玩木块拼图会产生什么效果。

精神病学家爱德华·德西非常钟爱市面上一款名为"索玛"的拼图。这种拼图由几个奇形怪状的木块组成，人们需要把木块拼成特殊的形状。德西想要利用这种拼图，来探索"装假成真"原理是否会对人们的内在动机产生影响。

第四章　用行动增强意志力

德西邀请参与者进入他的实验室，用 30 分钟的时间玩拼图。一些参与者在实验前被告知，能解开这个谜题的人会得到金钱奖励，而另一些参与者则没有任何奖励。

30 分钟后，德西通知所有参与者拼图时间结束。然后表示，他把实验下一环节所需的文件落在办公室了，得离开实验室去拿。和许多社会心理学实验一样，这种"我得离开实验室一会儿"的策略只是一个幌子。实验的重头戏才刚刚开始。

德西让每个参与者单独待了 10 分钟时间。在这段时间里，参与者可以自由选择继续玩拼图，阅读特意放在旁边桌子上的杂志，或是什么都不做，德西则全程暗中观察他们的行为。

按照鸽子实验得出的传统奖励理论，那些能得到金钱奖励的人应该觉得索玛拼图非常有趣，因此在德西离开实验室时更有可能继续玩下去。然而，"装假成真"原理却做出了截然不同的预测。

根据"装假成真"原理，那些得到金钱奖励的参与者会不自觉地认为："人们只有在让我做我不愿做的事情时才会给钱。既然有人付钱给我，这个拼图肯定没什么意思。"按照同样的逻辑，那些没有得到任何金钱奖励的人会不自觉地想："人们只有在让我做我不愿做的事情时才会给钱。既然没人付钱给我，这个拼图肯定很好玩。"从这个角度来看，那些得到奖励的人会表现出并不享受拼图的样子，而那些没有得到任何金钱奖励的人，则表现出拼图非常有趣的样子。根据"装假成真"原理，德西支付的报酬会让游戏变成一种苦工，所以在他离开房间时，获得金钱奖励的参与者放弃拼图的概率要大得多。

德西的实验结果极好地证实了"装假成真"原理的魔力。无论参与者是否成功拼出了拼图,那些没有事先得到金钱奖励承诺的参与者自发玩拼图的概率要大得多。

不久之后,其他研究人员也进行了几项类似的实验,想要验证这一有趣的发现是否真实。其中最著名的,可能要数斯坦福大学心理学家马克·莱珀与同事的实验。他们走访了几所学校,让那里的学童们画几幅画。在拿到蜡笔和纸张之前,其中的一组孩子被告知,他们可以通过画画获得一枚"优秀学生"奖章,第二组没有得到任何奖励的承诺。根据"装假成真"原理,获得奖章的孩子会不自觉地认为:"大人只有在让我做我不喜欢的事情时才会给我奖励。既然我可以通过画画得到奖励,这就说明我肯定不喜欢画画。"与此类似,另一组孩子可能会想:"大人只有在让我做我不喜欢的事情时才会给我奖励。既然我画画得不到奖励,这就说明我肯定喜欢画画。"

几个星期后,莱珀和团队回到学校,再次分发绘画材料,并观察了孩子们是怎么用这些材料画画的。相比之下,那些在几个星期前获得奖章的孩子画画的时间明显少了许多。

这些研究所传达的信息非常明确。对学生、烟民和司机的行为给予奖励,反而是在鼓励他们表现出不想读书、不想戒烟或不愿系好安全带的样子。因此,一旦取消奖励,受鼓励的行为就可能逐渐减少,更糟的是,其频率甚至有可能落到比引入奖励机制之前更低的水平。奖励机制虽然在短期内有效,但从长远来看,大多数组织都难以持续提供特权、糖果、礼物和奖金，且一旦奖励停止，人们的内在动机往往就会消失得无影无踪。

角色扮演对行为改变的影响

在确定"装假成真"原理对内在动机所起的关键作用之后，研究人员开始探索其他方法，想要利用这种效应鼓励人们采取行动。

一些商业大师强调，应在工作场所赋予员工更大的自主权、使命感和乐趣，对工作进行重新配置，使其工作时真心感到更加愉快。针对人们的私人生活领域，一些心理学家将注意力转向角色扮演这一方法。在接下来的内容中，我们来看一看哈佛大学利昂·曼恩的实验及其对戒烟进行的突破性研究。

曼恩邀请了 26 名重度烟民到实验室，并将他们随机分为两组。在第一组中，参与者要扮演一位被诊断患有癌症的患者，表现出准备戒烟的样子。为了让这种角色扮演尽可能逼真，曼恩在大学里搭了一间假的医生办公室。当参与者走进办公室时，便会面对各种各样的医疗器械和一名穿着白大褂的演员。演员扮演的医生拿出参与者所谓的 X 光片，告诉他情况并不乐观。一组虚构的医疗记录显示，参与者患有肺癌，需要与医生讨论今后的戒烟计划。

相比之下，对照组的参与者也看到了这条非常具有冲击性的信息，发现自己患有肺癌，却没有在任何形式的角色扮演中被要求改变行为。

结果非常明显。在研究开始时，所有参与者每天都会抽大约

25支烟。实验结束后不久，对照组的参与者平均每天的抽烟量减少了5支，而进行角色扮演的参与者平均每天的抽烟量则减少了10支。表现出决定减少吸烟量的样子，让参与者的实际行为发生了重大变化。在接下来的几年里，研究人员跟踪记录了参与者的情况，发现这种影响并不只是短期有效。在参与研究的两年后，参与角色扮演的一组人的吸烟量仍然明显少于对照组。

看来，心理学家不是在为工作场所注入意义，也不是通过角色扮演探索人们的私人生活。他们正忙于探索如何通过一点点的努力，产生惊人的深远影响。

你想戒烟吗？或许，真情实感的角色扮演会有所帮助。让一个好朋友阅读下面几段关于肺癌的文字，把152页的肺部X光片撕下来。然后，让对方借助这些信息和那张X光片扮演医生，给你一些关于戒烟的建议。请尽可能投入角色中，积极提问，说明你现在打算如何戒烟。

相关知识

肺部位于胸腔上部。每次吸气时，肺会将氧气从吸入的空气中分离出来，传输至你的血液中。在你呼气时，肺会从血液中分离出二氧化碳，传输至呼出的空气中。

许多烟民都会患上慢性阻塞性肺疾病或肺气肿。这种疾病会降低肺部转换氧气和二氧化碳的能力，导致呼吸困难，阻碍人体急需的氧气进入身体。在西方国家，肺气肿是导致死亡的主要原因之一。

此外，香烟中含有几种与肺癌有关的有毒化学物质。医生可利用 X 光来帮助确定患者是否患有肺癌。在 X 光片中，深色部分表示 X 射线几乎没有遇到阻力的区域，而白色部分则表示阻塞区域，如致密组织和骨骼。

我给你看一张左肺患有肺癌的患者的 X 光片。这名男性 60 岁出头，是一名多年的重度烟民。他的肺里有大片纤维化区域和癌细胞，也就是 X 光片上的大片白色区域。这种癌症会带来可怕的后果。例如，在肺癌区域直径超过 2.5 厘米的患者中，能再活 5 年的人只有不到 50%，这还是在患者接受最有效治疗的前提下。X 光片中的这个患者，可能只剩不到一年的寿命了。

你吸烟多久了？是否已经出现了呼吸困难的症状？身体是否马上会出现严重的问题？如果你继续吸烟，那么几年后你的 X 光片就很有可能跟这张图片一样。你有什么感想？这件事会对你自己和周围的人产生什么影响？

以上是坏消息。但好消息是，未来并非无法改变。你不一定非要走这条路。为了确保自己的名字不出现在这张 X 光片上，你准备采取什么措施呢？

正能量

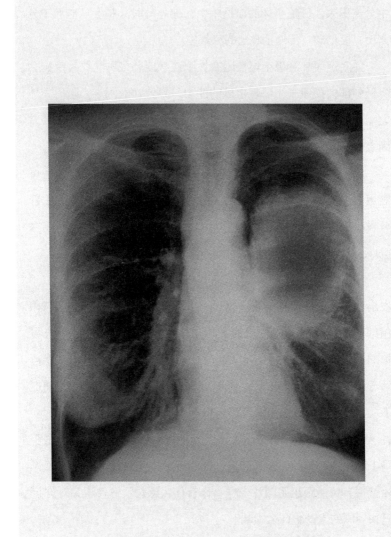

2

"得寸进尺"法让小改变产生大影响

让我们想象一下，你正在家里，突然听到有人敲门。透过蕾丝窗帘，你看到一个年轻人站在门口。他看起来不像坏人，所以你决定去开门。这个人解释说，他是加拿大癌症协会的志愿者，问你是否愿意捐款。你思索了片刻，觉得施予要好过受惠，所以给了他一小笔钱。

这似乎是一次纯粹的偶然事件。但实际上，你可能刚刚参与了一项心理学实验。这类"你是否愿意为慈善事业做点儿贡献"的研究，首先由多伦多大学的帕特丽夏·普利纳发起，向我们展示了利用"装假成真"原理促进人们采取行动的秘诀。

普利纳的调查结果显示，46%的居民都愿意把手伸进口袋，为公益事业捐钱。在实验的下一阶段，研究人员让参与者走到第二批居民的门前，让居民们在衣领上佩戴宣传公益事业的胸针。胸针很小，因此，几乎所有的居民都表示同意。两个星期后，实验参与者再次找到这些佩戴胸针的居民，请求他们捐款。令人惊讶的是，超过 90% 的居民都同意了捐款的请求。

这一招被称为"得寸进尺"法。之所以有效，是因为最初的小小请求会让居民们做出支持慈善的举动。这会鼓励他们相信自己是无私奉献的人，从而促使他们接受更大的要求。40 多年的研究表明，这种方法在许多不同的场合都能起到作用。

其中，法国研究员尼古拉·盖冈进行了一些有趣且实用的实验。

在一项实验中，盖冈前往法国的布列塔尼大区，将一些居民随机分为两组。然后，他给其中一组居民打电话，假扮当地一家能源公司的工作人员，请他们参加一个关于节能的简短电话调查。几天后，盖冈给所有参与实验的居民发了一封信。这封信来自当地镇长，要求他们参与一项节能活动。在接受电话调查的居民中，有超过 50% 的人同意参与，而相比之下，在之前没有接到过电话的居民中，同意参与的人只有 20%。

在另一项研究中，盖冈给 1 000 多人发送电子邮件，要求他们访问一个为帮助战争受害儿童设立的网站。其中一半人在访问网站时会看到一条信息，鼓励愿意为慈善机构捐款的人点击下一个链接；而另一半访问网站的人则被要求签署一份反对使用地雷的请愿书，签字之后才会看到鼓励捐款的链接。在没有被要求签署请愿书的人中，只有 3% 点击了捐款链接；而在签署请愿书的人中，点击捐款链接的人却几乎达到了 14%。

最后，盖冈还利用这种"得寸进尺"法帮助人们寻找爱侣。他走上街头，安排研究人员接近 300 多名年轻女性，邀请她们一起小酌一杯。有的时候，研究人员在提出问题之前会先向对方问路或借火；有的时候，他们则更加直接地问对方能不能出去喝一杯。这个微小的变化产生了巨大的不同，在先为研究人员指路的女性中，有 60% 的人对邀约者给予了肯定的回答；而在直接受到邀请的女性中，答应的人只有 20%。

在以上每一个例子中，人们表现出了或热心节能，或积极反战，或愿意喝上一杯的样子，因此愿意做出与新建立的身份相符的行动。

这一强大的原理，也经常为销售人员所用。行为专家罗伯特·西奥迪尼把这种方法称为"抛低球"法。这种方法包括一整套步骤，旨在让客户表现出对某种产品或服务感兴趣的样子。例如，一家汽车展厅可能会以一个非常合理的价格宣传一辆汽车，吸引潜在客户进入门店。潜在客户会询问这辆车的信息，从而表现出有兴趣购买的样子，直到这时，销售人员才会解释各种提高车价的附加功能。与此类似，酒店可能会在网上发布低价的客房广告。潜在客户点击广告，表现出好像要预订房间的样子，这时才会发现便宜的房间已经全部售出，但还有一些价格较高的房间可选。

20 片碎纸练习：第二部分

在本章开始之前，我要求大家完成 20 片碎纸练习的第一部分。这项练习旨在针对拖延症。我在前面指出，这是一个相当无聊的任务，你不必当时就完成。那么，你完成任务了吗？如果是的话，你可能属于那种在遇到困难时愿意给自己打气的人。然而，如果你决定把这件事暂且放一放，那就较有可能受到拖延症的困扰。拖延症往往会在生活的方方面面产生阻力，让人感到精疲力竭、难以自控（或者就像威廉·詹姆斯所说："没有什么要比拖延一项永远完不成的任务更让人身心俱疲的了。"）。

如果你属于后者，也不必担心，"装假成真"原理可以助你一臂之力。只要回头去看这项练习，把那一页从书里撕下来（还不需要撕成 20 片），然后阅读下面的段落。

现在，你对完成剩下的练习做何感想？研究表明，此时的你会有一种奇怪的冲动，想把这页纸撕成 20 片。只需"一点儿时间"做某件事（也就是表现出干劲十足的样子），你便改变了对自己的看法，从而更有可能完成必须完成的任务。

需要攀登高山的时候，试着说服自己，只需用一点儿时间迈出关键的最初几步就行。

然而，同样的原理，也会导致人们的行为朝着糟糕的方向急转直下。例如，在 20 世纪 70 年代早期，希腊军政府想把普通士兵训练成残忍的施虐者。通过"得寸进尺"法，他们首先慢慢说服这些士兵去虐待囚犯。刚开始时，士兵们被要求站在监狱外，囚犯们则在监狱里遭受折磨。在下一个阶段，士兵们被邀请走进监狱，亲眼看见虐待的过程。然后，士兵们被要求在监狱里提供些许协助，比如在囚犯被殴打时按住他们。最后，他们需要亲自动手，成为新一代的施虐者，而监狱外站着的，则是刚招募来的新兵。这种"得寸进尺"法促使士兵们做出了原以为根本无法接受的暴行，过程虽然缓慢，却步步稳扎稳打。

回到积极的方面，最近一些关于"得寸进尺"法的研究，探讨了我们能否通过小小的承诺让世界变得更加美好。

承诺的力量

据测算，美国人每年产生的垃圾超过1.5亿吨，足以每天把路易斯安那州新奥尔良的超级巨蛋体育场填满两次。加州州立理工大学的心理学家肖恩·伯恩想要看一看，这种"得寸进尺"法能否用来激励人们进行垃圾回收。

克莱蒙特市是位于洛杉矶东部的一个富裕的小型大学城，伯恩的实验跨越了市内的5个区域。就在实验开始前，伯恩和他的同事暗中观察了居民的垃圾回收情况，发现了大约200户不回收垃圾的家庭，并展开实验，看看能否改变这些居民的行为。

作为准备工作，伯恩寻求当地一支童子军的帮助，花了3个星期对成员进行实验的相关培训。首先，他让童子军们大声朗读一条特意编写的信息，内容强调了垃圾利用的必要性。然后，研究人员扮演克莱蒙特的居民，让童子军假装敲开这些居民的门，传达这条排练过的信息。在确信这些训练有素的童子军侦查员能够胜任这项工作后，研究人员便让他们去"走街串巷"。

研究人员将童子军分成 3 人一组，带到克莱蒙特，要求他们敲开一名毫不知情的参与者的大门。大门一打开，童子军便开始进行精心准备过的演讲，传达垃圾回收的重要性。过了一会儿，他们会递给这位居民一张保证卡和一张贴纸。保证卡上简单地写着："我，_____，承诺支持克莱蒙特的垃圾回收计划。我保证尽一份力，抵制浪费！"贴纸上的文字同样简单直白，上面写着："我要积极回收，抵制浪费！"

在接下来的 6 个星期，研究小组再次走上街头，暗中观察居民的回收行为。效果非常显著。那些童子军没有到访过的人家，垃圾回收率只增加了 3%。相比之下，让人们签一张保证卡并在房子上贴一张贴纸，却能让回收率增加 20%。仅用一点儿时间表现出打算回收垃圾的样子，人们的环保动机就实现了大幅提高。

改变生活运动

2011 年，我与英国政府合作，协力推广了一项运动，利用"得寸进尺"法鼓励公众过上更健康的生活。

这是一项名为"改变生活"运动的一部分，该运动在全英推广，鼓励人们在饮食和锻炼中做出小的改变，以期这些改变带来更大的变化。

该运动的一部分,是要求人们在遇到以下 10 个触发因素时改变自己的行为。试着把这些改变融入你的生活,试试看能否催化出更为重大的改变。

触发因素	做些改变
当你发现自己伸手去拿糖果、巧克力或薯片时……	……停下来,拿点儿新鲜水果(比如葡萄、香蕉)、葡萄干、迷你米饼或无盐坚果。
当你想做油炸食品时……	……换成烤制食品。试着烤些熏肉和香肠,或是炒蛋、煮蛋。
当你正要点一大杯白葡萄酒时……	……换成用小杯葡萄酒和苏打水调制的斯普瑞兹鸡尾酒。
出门逛街的时候,你想要乘电梯或自动扶梯……	……看看周围有没有楼梯,如果可以,就走楼梯吧。
如果你正在乘坐公共交通工具……	……看看能否提前一站下车,然后走完剩下的路。
你正在为自己或家人做饭,想把食物盛在一个大盘子里……	……换成小盘子,以便盛取适量食物。
当你正想往茶或咖啡里加糖时……	……只放一半的糖。
当你在商店里,想要买些白面包或白米饭时……	……选择全麦面包和糙米,增加膳食中的纤维含量。
当你准备点一杯含糖的碳酸饮料时……	……改喝碳酸水、牛奶或纯果汁。
与其点一大份主菜……	……不如选择小份,搭配沙拉或水煮菜。

保证卡

你想要做慈善工作、摄取更健康的饮食、环保生活或是更努力地锻炼吗?那么,"正能量"保证卡能助你一臂之力。请把下一页撕下来,把每一张保证卡剪下来。然后填写其中的一张,放在显眼的地方就行。你可以把这张保证卡贴在冰箱门上,放在桌子上或粘在浴室镜子旁边。

填写卡片的行动,让你表现出动力十足的样子,因此更有可能实现你的目标。一旦实现了第一个目标,你就可以用剩下的卡片来改变生活的其他方面。

第四章 用行动增强意志力

我承诺:
_____

我承诺:
_____

我承诺:
_____

我承诺:
_____

评估你的自控力

163页的背面印着一条神秘信息,请先不要去看。小心撕下那页纸,揉成一团,确保你看不到纸上的信息。

通过这个纸团,让我们来看看你对自己的自控力是否有准确的认识。

你觉得,你能忍多久不打开纸团读里面的信息?几分钟?几小时?一两天?或是一整个星期?把你预测的答案写在下面这条线上……

———————————————————————

接下来,把纸团放在家中或办公室里显眼的地方。每次看到纸团,你可能都会好奇里面的神秘信息到底是什么。会是个滑稽笑话吗?或是一句能改变你一生的名言?还是一个提高自控力的实用技巧?如果不打开纸团,你永远也不会知道确切的答案。

你是什么时候打开纸团的?你的预测准确吗?抑或你的自控力比最初想象的要差?

进行这个练习时,大多数人都确信自己可以坚持几个星期不打开纸团。然而随着时间的流逝,好奇心很快占了上风,让他们迫不及待地想要揭开这条信息的秘密。人们对于自控力不切实际的推测,也体现了本章所讲述的各种技巧的必要性。

第四章 用行动增强意志力

正能量

那么，你完成得怎么样？

3

拉近所爱，推开所恶，轻松减肥

世界各地人群的肥胖水平都在逐渐上升。20世纪80年代，美国人的肥胖比例达到了15%。到了2003年，这一比例上升到了34%左右，超重的美国儿童和青少年则达到了令人震惊的17%。超重会导致各种健康问题，尤其是心脏病、2型糖尿病和某些癌症。因此，有数以百万计的人在人生某个阶段踏上减肥之路，也就不足为奇了。但颇为讽刺的是，这些人的成功概率却是微乎其微。

超低热量饮食的支持者鼓吹简单快速的收效，从而吸引了许多人的关注。这类饮食通常以热量极低但营养充分的流食为基础，其短期效果非常突出。几项研究表明，在使用这些产品的用户中，大约一半的人很快就减掉了80%左右的多余体重。然而，当研究人员在接下来的几年里对这些节食者进行跟踪时，却发现了截然不同的情况：大约3年之后，绝大多数参与者都回弹到了节食前的体重；5年后，保持苗条身形的只有3

个人。然而，这种令人泄气的规律不仅局限于超低卡路里饮食。在分析了涉及各类饮食的数百项研究结果之后，一位评论家指出："体重反弹的速度存在争议，但体重反弹本身却是不争的事实。"

拉近所爱，推开所恶

如果你正坐在桌前，可以试一试这个由两部分组成的简单练习。首先，合上书，把书放在桌子上，然后推开。然后，把书拉到身前，拿起来，给书一个拥抱和亲吻（如果你在书店或其他公共场所这样做，最好对周围的人报以微笑，暗示他们"没关系，我是个神志正常的人"）。

在进行完练习的两部分之后，你对这本书分别产生了什么感觉？研究表明，把物体推开（表现出不喜欢的样子）会让你产生厌恶之情，而把物品拉到身前（表现出喜欢的样子）则会让你萌生强烈的好感。据我所知，还没有哪项实验研究拥抱和亲吻物体带来的影响，但我觉得，这种做法会让你对这本书产生强烈的感情。

下次看到一盘点心或者巧克力饼干时，只需推开这一个动作，就能使你对这些食物的欲望降低。同理，在推销某个产品时，如果想要增加顾客的好感，就把产品放在顾客面前的桌子上，鼓励对方将产品拉向自己。

其他试图通过体育锻炼来促进减肥的研究，也遇到了类似的困难。

2008年，杜兰大学的研究人员拉里·韦伯和同事发表了一项大规模研究的结果，这项研究旨在调查能否鼓励中学生提高运动量。实验为期2年，涉及全美各地36所学校和数千名儿童。

在一半的学校里，研究人员使出浑身解数鼓励学生锻炼和减肥。每个星期，他们都会向孩子们宣传体育活动的重要性，并规定他们进行一定量的锻炼。研究人员甚至鼓励学校与当地的健身中心和娱乐休闲中心合作，专门开展舞蹈课程、健身课程和篮球比赛。相比之下，其他学校的孩子作为对照组，没有享受到这样的待遇和鼓励。

为了了解该项目的收效，研究人员给每个孩子配备了一台用以测量运动情况的加速度计，并跟踪测量了他们的体重指数。如此全面的鼓励计划，取得了怎样的效果呢？最终，收效几乎为零。总体来说，那些拥有更多运动机会并受到鼓励锻炼的孩子，只比对照组的孩子多运动了一点点。或许更能说明问题的是，两组之间的平均体重指数并没有什么差异。

这是为什么呢？原来，这项研究基于改变思想便能改变行为的理念。根据这一理念，只需告诉人们健康饮食和定期锻炼的重要性，他们就会立即行动起来。然而事实证明，这种方法是存在

> 缺陷的。然而，对"装假成真"原理的认识，却提供了一个有效得多的长期减肥法。

倾听内在的声音，用心吃饭

我们在第二章读到，心理学家斯坦利·沙赫特的开创性实验告诉我们，"装假成真"原理和吸引力之间存在着出人意料的关联。在20世纪60年代，沙赫特也针对一些人肥胖的原因提出了一个同样大胆的假设。

沙赫特认为，人们开始进食是基于两种截然不同的信号。

第一组信号来自身体内部。例如，刚刚吃完一顿大餐之后，你的胃可能会发出"哎呀，我连一小块巧克力也塞不下了"的信息，通知你停止进食。或者是，你感到肚子咕咕直叫，血糖突然下降，知道该去附近的餐馆吃顿饭了。从理论上来说，因为饥饿而吃东西，与因为微笑而感到开心类似。在这两种情况下，你都在根据身体发出的信息来决定自己的感受。

此外，吃东西的决策还可能受到周围环境信号的影响。例如，你可能会在一家法式蛋糕房的橱窗里看到一个漂亮的奶油蛋糕，觉得这蛋糕一定合你的口味。或者你看一眼手表，发现下午茶时间已到，于是去厨房准备茶点。在这些情况下，你忽略了来自身体的信号，而是根据周围发生的事情决定自己应有的感觉。

虽然每个人都会受到这两种信号的影响，但沙赫特推测，有些人更倾向于听从自己身体的意见（他称之为"内在声音倾听者"），而另一些人则更容易受到周围环境的影响（即"外在环境影响者"）。他还假设，在食物短缺时，这两种人都不会增肥，因为"内在声音倾听者"只会在饥饿时吃东西，而"外在环境影响者"只会在食物充足时才会大饱口福。

这么看来，情况还算乐观。但现实中的大多数发达国家，超市货架上塞满了商品，快餐连锁店鼓励顾客购买超大号食品，电影院供应的则是大桶爆米花。根据沙赫特的理论，这种食品的过剩供应不会对"内在声音倾听者"造成问题。他们会继续听从自己身体的声音，等到饥饿时再大快朵颐。相比之下，"外在环境影响者"却遇到了麻烦。对他们来说，日常生活中遇到的堆积如山的食物全在大喊"来吃我吧"，如果不磨炼出非凡的自控力，这些人很快就会把目之所及的食物一扫而光。沙赫特由此预测，在大多数发达国家，"内在声音倾听者"往往偏瘦，而"外在环境影响者"则往往容易超重。

这个理论听上去既简练又高明，但事实真的如此吗？为了找到答案，耶鲁大学的理查德·尼斯贝特进行了一项巧妙的实验。尼斯贝特招募了一些或苗条或超重的参与者，每次邀请一位到他的实验室去。所有参与者都被要求在下午3点左右到达，但在当天早上9点之后不能进食。在进行完一项无聊的实验（比如"你能从1 000开始，3个数字为一组往前倒数吗？"）之后，每个参与者都会得到几块三明治作为奖励。实际上，这个乏味的实验完全无关紧要，尼斯贝特真正的实验，其实是在参与者拿到三明治后对他们进行暗中观察（这也以科学的方法证明：天下果真没有免费的午餐）。每位参与者都会拿到一只盘子，里面有一块或三块美味的烤牛肉三明治，并被告知，如果还想吃，他们可以到旁边的冰箱随意取用。

沙赫特的理论预测，身材苗条的参与者属于"内在声音倾听者"，摄入的食物量与盘子里三明治的多少无关。如果感觉饿，他们就会食用三明治，如果感到饱，他们就会停下来。相比之下，超重的参与者往往是"外在环境影响者"，因此会在拿到三块三明治的时候吃得更多。当然，有的超重参与者可能会比苗条参与者肚子更饿。考虑到这个因素，实验人员做了一个有趣的预测。俗话说："眼不见，心不念。"因此实验人员推测，超重参与者翻找冰箱的概率不会比苗条参与者更高。

结果如何？拿到一块三明治时，两组参与者吃下了相同的量。然而，拿到三块三明治的时候，超重参与者很快就吃下了比苗条参与者更多的量。不仅如此，无论是苗条还是超重的参与者，从冰箱里取食三明治的概率都不高。

哥伦比亚大学的罗纳德·戈德曼和同事们充分利用赎罪日，设计了一项巧妙的实验。赎罪日是犹太人最神圣的节日之一，在这一天，虔诚的犹太教徒会坚持24小时不吃不喝。戈德曼知道，当今的犹太人对这一传统的遵守程度不尽相同，一些人几乎整个赎罪日都在犹太会堂里度过，而另一些人只待一个小时左右。戈德曼推测，那些长时间待在犹太会堂里的人不会频繁想到食物（在描述这项实验的论文中，戈德曼指出，赎罪日宗教仪式中唯一可能涉及食物的内容,就是"偶尔提及替罪羊"①)。

戈德曼根据沙赫特的理论推测,苗条的人会根据身体的信号来感知自己是否饥饿,因此无论在犹太会堂待多长时间,都会与平时一样因食物匮乏感到不适。相比之下,超重的人依靠周围环境来决定是否该吃东西,因此在犹太会堂里会明显觉得禁食更容易忍受。为了一探情况是否如此,戈德曼向他的犹太学生发放了一份调查问卷,询问他们的身高、体重、赎罪日在犹太会堂待的时间以及禁食的困难程度。身材苗条的学生的结果显示,赎罪日在犹太会堂的时间长短与禁食的困难程度没有关联。相反,对超重的学生而言,赎罪日待在犹太会堂的时间越短,禁食就越困难。这与沙赫特的预测一模一样。

沙赫特的理论,对想要顾客盈门的餐厅和想要节食的减肥者而言,都有着重大的意义。

从餐厅老板的角度来看,说服顾客降低自我意识,忽略来自胃部的信号,有助于生意兴隆。例如,昏暗的灯光和轻柔的音乐有助于分散人们的注意力,鼓励就餐者吃得更多。同样,利用食物照片或实物引诱"外在环境影响者"也有利于生意。研究表明,在菜单上印上让人垂涎欲滴的美味菜肴图片,或者在餐后推着甜点车来到桌前,会让"外在环境影响者"中自控力最强的人也难逃诱惑。例如,在一项研究中,研究人员要求一家法国餐厅的工作人员将顾客分为身材"丰满"和"正常"两类。在用餐结

---

① 在犹太教的赎罪日仪式中,百姓会献祭两只公山羊,其中一只献给耶和华,另一只作为替罪羊,带着人类所犯的罪,到荒野中去。——译者注

束时，一位女服务员拿着一份水果馅饼走到顾客桌前，询问谁想要甜点。身材正常和偏胖的顾客选择点甜点的概率相差无几，但偏胖的顾客选择已被端到眼前的馅饼的概率要高很多。

如果你真的想要减肥，沙赫特的理论可以为你提供帮助。试着把注意力更多集中在身体发送给你的信号上，与内心建立起联结。比如在点蛋糕之前，你可以问问自己："我真的饿了吗？"同理，请减少那些引诱你误入歧途的视觉刺激，把不健康的食品放在视线之外，远离摆满零食和饼干的超市货架。另外，尽量避免在吃东西的同时分散注意力。吃饭时不要看电视、听音乐，甚至不要看书。相反，把注意力集中在食物本身，慢慢咀嚼每一口。如果这招不管用，那就试着对着镜子吃饭，把惯用的刀叉换成筷子（或把惯用的筷子换成刀叉），或者用平常不习惯用的那只手吃饭，以便在吃饭时尽可能增强自我意识。

沙赫特的简单理论将"装假成真"原理与进食联系在了一起。苗条的人会根据身体发出的信号来决定是否进食。正如人们会在脸上绽放微笑时感到高兴，在胃发出饥饿信号的时候，他们就会进食。相比之下，超重的人往往不会根据身体发出的信号做出进食的决定，而是更多受到外部信号的影响。引导人们重新集中注意力，让行为更加符合"装假成真"原理，便能帮助他们快速减掉多余的体重。节食并不一定意味着徒劳无功地克服诱惑，重点在于学会倾听身体的声音。

调整你的电脑显示器

看一看你的电脑显示器，你的显示器中心在视线上方、下方还是与之齐平呢？根据关于"装假成真"原理和内在动机的研究，显示器的位置会对你的工作效率产生巨大的影响。

20世纪80年代，得克萨斯农工大学的约翰·雷斯金德决定研究姿势对毅力的影响。雷斯金德让参与者以两种坐姿中的一种坐好。其中一半的参与者坐姿萎靡不振，弓着腰、垂着头，而其他参与者则腰杆笔直、抬头挺胸。在用驼背或挺直的姿势坐了大约3分钟后，所有参与者被带到另一个房间，在那里做几道难解的几何题。在做题时，他们需要描摹图形，且保持铅笔不离开纸面。其实，其中的许多难题都是无解的，雷斯金德想要知道的，只是参与者在失败前能坚持多久。在一篇题为"低头失败，昂首获胜"的论文中，雷斯金德描述了这项研究的结果。他指出，相比于之前弯腰驼背的参与者，挺直腰杆的参与者坚持的时间几乎多出了一倍。

不久前，其他心理学家以这项研究为基础，要求参与者坐在电脑前解决一个复杂的问题。有时，电脑显示器被放置在稍低于视线的位置，让参与者不得不弯下腰来。而有时，显示器则略微高于视线，使得参与者挺起腰杆。同样，昂首挺胸的参与者坚持的时间要更长。

> 由此可知，为了最大限度地给自己激励，请把显示器的中心置于稍高于视线的地方吧。

不做坏习惯的"奴隶"

沙赫特的理论非常吸引人，但是，这并非唯一把"装假成真"原理和进食联系起来的研究。

我已在赫特福德大学工作了很多年。在此工作期间，我有幸结识了许多充满活力和创造力的同事。本·弗莱彻教授就是其中之一。

弗莱彻总是一袭黑衣，实际上却是一个积极快乐的人，他和我一样热衷于日常生活中的怪诞心理学。弗莱彻一直在研究商业心理学，早期研究涉及职场压力。在进行这项研究期间，他发现了囿于习惯所带来的负面影响。

有些人在思维和行动上非常不知变通。例如，他们可能总是想用同类的解决方案来应对问题，以高度公式化的方式召开会议，在一成不变的日常生活中寻找舒适感。相比之下，另一些人则乐于接受不可预测的事情，喜欢横向思维，对新的想法持开放心态。弗莱彻推测，那些不具有灵活性的人或许能够应付高度稳定的工作环境，但在需要改变和适应时便会问题重重。

为了验证这个直觉正确与否，弗莱彻制作了一份衡量变通能力的问卷。问卷包括"你有时的做事方法会不会让同事们觉得不合常规？""如果有人在最后一刻修改计划，你会不会感到困扰？""你喜欢那种从几个选项里选择答案的问题，对还是错？"等问题，然后，他来到几家不同类型的公司，让员工完成调查问卷，评估自己应对变化的能力，并指出自己的焦虑程度。结果显示，缺乏变通的人认为改变很困难，往往不喜欢自己的工作，而且焦虑程度很高。

在此之后，弗莱彻想要研究同样的理论是否适用于工作之外的生活场景。他推测，人们在生活中遇到的许多问题，原因都在于他们缺乏灵活变通的能力，太过囿于某些习惯。超重的人已经养成了多吃少锻炼的习惯；烟民会习惯性地从口袋里掏烟点火；许多开展不了新恋情的人则总是去同一类地方，和同一种人聊天。弗莱彻想要知道，鼓励这些人表现出不受习惯拘束的样子，会出现什么效果？

肌肉的"魔法"

在准备采取行动的时候，积极主动的人经常会绷紧肌肉。这一点反推过来是否成立？我们能通过绷紧肌肉来增强意志力吗？

新加坡国立大学的洪伟萍和同事决定找出答案。洪教授召集了几组参与者，要求他们尽可能长时间地把手浸在冰桶里，喝下一杯有益健康但难以下咽的含醋饮料，或者去当地快餐厅购买健康食品，避开含糖零食。每一次实验时，一半的参与者都被要求通过以下方式收紧某些肌肉：或用手握拳，或在坐下时把脚跟抬离地面，或用手指紧紧夹笔，或收缩二头肌。每种姿势都旨在让参与者表现出努力调动自控能力的样子。研究结果显示，这样做的参与者更容易把手长时间放在冰桶里，喝下更多的含醋饮料，或在快餐厅购买更健康的食物。

下次当你觉得自己的意志力在渐渐减退时，可以试着绷紧肌肉。比如握紧拳头，收缩二头肌，把拇指和食指按在一起，或者用手紧握一支笔。

如果这些都不奏效，你也可以尝试着交叉双臂。罗彻斯特大学的罗恩·弗里德曼和安德鲁·艾略特进行了一项研究，要求参与者一边做困难的易位构词字谜，一边或交叉双臂，或把双手放在腿上。双臂交叉的人表现出非常有毅力的样子。因此，与双手放在腿上的参与者相比，双臂交叉的参与者坚持的时间长了一倍。

为了弄清鼓励人们改变习惯所产生的效果，弗莱彻和另一位大学同事卡伦·派因合作，共同开发出一种名为"改变习惯"（简称DSD）的方法。这种方法由一系列练习组成，鼓励人们表现出灵活变通的生活态度。例如，这种方法会鼓励人们一天不看电视，写一首诗，与一位老朋友重拾联系，或者选不同的路线去上班（见179页）。多年来，弗莱彻和派因一直在进行监测，看看这些简单的方法会给人们生活的方方面面带来怎样的影响。

我们以弗莱彻和派因在减肥方面的研究为例。在几项研究中，他们招募了想要减肥的参与者，将他们随机分配到不同的组别。其中一组参与者被鼓励在一个月内采取"改变习惯"的方法。这些人无须注重饮食健康或勤于锻炼，而是被鼓励改变自己的思维和行为模式，比如提前一小时睡觉，或是一天不开手机。相比之下，在其他小组中，有的参与者没有得到任何指示，有的参与者则可以自行选择饮食内容。

在对这些人进行了几个月的跟踪调查后，实验结果表明，"改变习惯"的方法对减肥起到了推动作用。类似研究表明，这一方法也可以用来帮助人们戒烟，或是提高求职成功的机会。

吸烟和暴饮暴食等许多不健康的行为之所以形成，就是因为人们表现得仿佛是坏习惯的奴隶一般。若能采取一种更加灵活变通的方式，他们便能以一种截然不同的视角看待自己。这样一来，他们便不会只在旧行为的模式中盲目打转，而是成为一个能够控制自己的生活并按周围环境调整反应的人。在他们看来，这种转变和魔法无异。而实际上，这是"装假成真"原理威力的另一种体现而已。

打破旧习

本·弗莱彻和卡伦·派因设计了一系列练习，旨在鼓励人们改变既有的习惯。下面是一些从他们的研究中衍生出的做法，可以帮助你领略这种方法的魅力所在。以下两个练习，旨在鼓励打破旧习并表现出灵活对待生活的态度,激发你的内在动机。

练习一:每隔几天,尝试以下的一个活动,打破旧的习惯。

- 观看一档你以前没有看过的电视节目,听一种新的音乐,或是阅读一份新的报纸/浏览一家新的新闻网站。
- 走一条新的路线去上班。
- 尝试一种不寻常的食物。
- 参观一家新的艺术馆或博物馆。
- 去一家你以前从未去过的商店。
- 腾出时间去看一部你觉得不会喜欢的电影。

练习二:完成以下问卷,在代表你对各项陈述认同度的方框里画钩。

	非常不认同	不认同	不认同也不反对	认同	非常认同
我自认为我……	☐	☐	☐	☐	☐
(1) 情绪化	☐	☐	☐	☐	☐
(2) 对人挑剔	☐	☐	☐	☐	☐
(3) 专横	☐	☐	☐	☐	☐
(4) 以自我为中心	☐	☐	☐	☐	☐
(5) 不耐烦	☐	☐	☐	☐	☐
(6) 成熟	☐	☐	☐	☐	☐
(7) 小气	☐	☐	☐	☐	☐
(8) 不修边幅	☐	☐	☐	☐	☐

	非常 不认同	不认同	不认同 也不反对	认同	非常认同
(9) 感情不外露	☐	☐	☐	☐	☐
(10) 缺乏创造力	☐	☐	☐	☐	☐

你在哪些特征后面勾选了"认同"或"非常认同"？每隔几天，从这些特征中选择一个，尝试用相反的方式行事。例如，如果你觉得自己有点儿小气，那就在几天时间里表现得大方一些。或者说你自认为对别人很挑剔，那就多花点儿时间赞美周围的人。

"装假成真"原理提供了一种激动人心的全新方式，帮助我们更好地理解"内在动机"这个难解的问题。这一原理不仅解释了奖励为何往往适得其反，更为我们提供了理论基础，衍生出几种便于实践且非常有效的激励方式。只需做出小小的承诺，就能大幅提高我们实现重大改变的可能性。遇到困境时，双手抱臂，绷紧肌肉，坐直身体，你就能坚持更长时间。表现出摆脱习惯束缚的样子，你就会在瞬间感觉戒烟和减肥容易了许多。这些简单而快捷的技巧鼓励你从小处入手，先从行为的某个方面开始改变。这样一来，"装假成真"原理便会开始发挥作用，让你觉得自己仿佛成了一个干劲十足、焕然一新的人。

第五章

用行动增强说服力

在这一章，我们会探讨在试图说服别人时遇到的障碍，探索如何与他人制造认同，如何关注能让人产生积极想法的行为侧重点，以及团结协作会对社会造成怎样的影响。

未知我所言,怎晓我所思?

——爱德华·摩根·福斯特

1

说服他人时遇到的障碍

我们发现,"装假成真"原理有着改变世界的威力。首先,让我们一起深入探索说服的心理学。

亨尼·扬曼说:"读到关于喝酒的危害时,我放弃了阅读。"

各地政府都会花费大量资金,试图说服公众戒烟,避免过度饮酒,注重膳食健康。这些宣传虽然都出自善意,却往往基于这样一种假设:一旦被告知生活方式不健康,人们很快就会改变自己的行为。例如,告诉公众吸烟会导致癌症,他们就会把烟戒掉;告诉公众酗酒可能毁掉生活,他们就会控制自己的饮酒量;告诉公众高脂肪的食物会堵塞动脉,他们就会开始多吃新鲜水果。然而,这种看似明智的方法存在一个小小的问题:大多数时候,这一招往往并不奏效。

爱尔兰喜剧演员安德鲁·马克斯韦尔曾经制作过一档电视节目,在节目中,他与5个坚信各种"9·11"阴谋论的人进行了一次公路旅行。其中一个名叫罗德尼的人坚称,双子塔并非被两架遭到劫持的飞机摧毁，而是由政府操控炸毁。同行的另一位名叫夏洛特的成员也确信，恐怖分子接受的训练很有限，无法驾驶飞机撞上双子塔。

马克斯韦尔带着罗德尼和夏洛特见了几位专家，这些专家用压倒性的证据驳斥了他们坚信不疑的理论。在节目的一个场景中，一名拆弹专家向观众展示了准备炸毁双子塔体量建筑物的炸药有困难。然后，一名飞行教练演示了驾驶现代飞机是多么容易。那么，这些证据能否改变罗德尼和夏洛特的信念呢？完全没有。节目结束时，几个人对这些证据无动于衷，并且表示他们依然坚信"9·11"事件是美国政府所为。

与此类似，1997年，邪教天堂之门的成员确信自己不久后会被一艘跟随在海尔-波普彗星后面的飞船带离地球。在这颗彗星接近地球的几个星期前，一些成员来到出售科学仪器的商店，购买了一台精密的望远镜。他们通过高倍望远镜进行观察，清楚地看到了彗星，却不见飞船的踪影。按理来说，经历了这件事之后，这群人应该对自己的信仰产生怀疑才对。然而，他们却在第二天回到商店，声称望远镜有问题，并要求退款。

大家可能会认为，罗德尼、夏洛特和寻找飞船的天堂之门教徒只是特例，在实证面前仍拒不改变信仰。这种看法虽然普遍，但不正确。尽管很少有人认为是美国政府一手摧毁了双子塔，或者彗星后面跟随着什么飞船，但我们都以类似的坚定信奉着其他理念。面对与自己的信念相悖的证据，我们都有可能出现类似阴谋论者或邪教成员的心理活动。像他们一样，我们也会寻找志同道合的人，规避不支持我们观点的信息，并质疑那些敢于反对我们的人的人格。尽管我们渴望成为符合逻辑的生物，但面对与信念相悖的事实，人人都很容易采取对事实视而不见的态度。

例如，一项研究跟踪记录了公众对一份综合科学报告的反应。该报告指出，吸烟与癌症之间存在着密切联系。惊人的是，有90%的非烟民表示这一报告令人信服，而相信该报告的烟民却只有60%。在另一项研究中，研究人员首先询问参与者对气候变化这种重大问题是相信还是质疑。然后，每个人都会看到各种相关的论点，其中一些论点非常可信（温室效应很有可能引起气候变化），而另一些论点则完全说不通（大量科学家收了贿赂，才声称气候变化确实存在）。参与者被要求阅读所有论点，然后尽可能背诵下来。按理来说，理性的参与者应该能背下一部分可信论点和一部分不可信论点。但事实上，我们却看到了一种非常清晰的模式，即持不同论点的人都只记住了支持自己立场的可信论点，以及反对自己立场的不可信论点。

这种"我已经做出了判断，不要用事实来迷惑我"的心态，为那些想要改变民众负面思维的政府制造了一个巨大障碍。就算把"吸烟有害健康"用显眼的黑字印在烟盒上，烟民仍能找到方法说服自己吸烟并没有那么糟糕；就算向酗酒者普及酗酒的危害，他们还是会继续认为自己可以安然无恙；就算开展一场关于健康饮食重要性的宣传活动，肥胖者仍会继续对着大量汉堡和薯条狼吞虎咽。

更糟糕的是，这还仅仅是冰山一角。

道德伪善

几十年来，心理学家都在研究人们的所言和所行之间的关系，其中尤其引人注目的研究，是由马萨诸塞州史密斯学院的伦纳德·比克曼及同事完成的。

比克曼想要探索信仰和行为之间的联系，并选择从扔垃圾这件小事入手。他和团队来到一条繁忙的商业街，特地将几个纸团扔在离垃圾箱几十厘米远的地方，确保纸团挡在行人的步行路线上。接下来，实验人员来到街对面，悄悄记录捡起垃圾并扔进垃圾箱的行人所占的百分比。事实证明，马萨诸塞州遵纪守法的居民并不是那么热爱整洁，这样做的行人只占2%。

在实验的下一阶段，实验人员在数百名行人经过垃圾时拦住他们，并提问道："看到垃圾，是每个人都有捡起来的责任呢，还是该留给捡垃圾的人？"大家猜猜，认为大家都应为维持街道清洁尽一份力的人有多少？是10%？40%？还是60%？事实上，在路过纸团的人群中，竟有94%的人坚信"捡拾垃圾人人有责"。

比克曼的研究表明，对于捡垃圾这件事，人们非常擅长使用一种奥威尔式的双重思维。由此，他们便能做出与自己的理念截然相反的事情来。

为了探索这种难以理解的不一致是否也存在于生活的其他方面，研究人员将注意力转向了包括道德在内的各种重大话题。你认为自己是个有道德的人吗？觉得自己总体来说是个努力做正确的事情、以公平的方式解决争端、用符合道德的方式行事的人吗？面对这类问题，几乎每个人都会一次次地勾选"没错，我就是这样一个人"的选项。而实际上，我们真的倾向于遵守道德和伦理吗？堪萨斯大学的心理学家丹尼尔·巴特森决定找出答案。

巴特森想要知道，那些自称道德高尚的人是否真的会遵守道德，还是说，这些人只是觉得应该遵守道德，却不太愿意付出相应的代价（他将这种现象称为"道德伪善"）。在一项研究中，巴特森先让一组参与者回答了几个关于道德的问题，对自己的道德水平进行评估。比如他们是否相信世界上存在公正？大多数时候都会努力做正确的事情吗？他们自私自利，还是会关心他人的福祉？

几个星期之后，巴特森邀请了同一组人，让他们一次一个到他的实验室参与一项实验。他告诉每位参与者，这次实验还有另一人参加，这个人目前正藏在隔壁的房间里。两人中的一个会得到一张可能会赢得大笔奖金的彩票，而另一个人要花 30 分钟的时间做一长串加法题。

接下来，巴特森提议通过掷硬币决定谁得到彩票和谁做加法题，并问参与者是否认为这是个公平的方法。在参与者表示同意后，巴特森解释，如果硬币正面朝上，参与者就能得到彩票，而隔壁房间的人只能得到一长串数字；如果硬币背面朝上，那么拿到一长串数字的人就是参与者，隔壁房间的人将得到彩票。

最后，巴特森把硬币递给参与者，让他们走到走廊，抛掷硬币，然后回到实验室，报告结果是正还是反。他表示自己无法得知投掷硬币的实际结果,只能指望参与者说真话。

然而,实验结果却非常出人意料。按概率上来看,硬币正面朝上的概率应占一半。然而,90%的参与者都像柴郡猫一样咧嘴笑着回到实验室,表示硬币正面朝上,并领走了彩票。简而言之,事实证明,许多参与者都隐瞒了真相。那些曾认为自己道德高尚的参与者,是否比其他人更加诚实?到了真正考验的时刻,那些先前声称站在道德制高点上的参与者也无法让自己说出实话。

巴特森的研究结果表明,即便是对于道德感这样根深蒂固而意义重大的东西,我们也往往无法做到言行一致。

必须制造认同

关于乱扔垃圾和道德感的研究结果并不属于特例。心理学家一次又一次地发现,人们非常擅长言方行圆。改变思维和行为的障碍重重,因此,许多政府的相关举措发挥不了效果也就不足为奇了。其中"哈钦森预防吸烟方案"就是一个很好的例子。

20世纪80年代末和90年代初,美国国家癌症研究所投入大约1 500万美元,用以创建和评估一项旨在预防儿童吸烟的大规模运动。这一方案由实验和公共教育项目组成,利用有助于人们禁烟的信息,对来自西雅图20个随机选择学区中的4 000多个孩子进行信息轰炸。在几个月的时间里,这些孩子参与了特设课程,获得了各种有用的禁烟建议,包括如何抵抗来自同辈的压力和忽视烟草广告的诱惑。来自另外20个学区的4 000个孩子作为实验的对照组,没有接收到这些信息。

这些孩子高中毕业两年后,研究人员找到其中的大多数人,并询问他们是否吸烟。由于担心对方对吸烟的事实有所隐瞒,研究人员甚至专门检测了这些青少年唾液中的尼古丁含量,结果既令人失望又令人错愕。你觉得禁烟运动能达到预期的效果吗?在曾参与这项运动的儿童中,长大后的吸烟人数占29%;而在对照组的儿童中,吸烟人数占28%。也就是说,花费上千万美元预防儿童吸烟的方案,几乎没有取得任何效果。

遗憾的是,这并不是个例。另一项全美禁烟运动以"沟通创造倾听"为口号,鼓励父母劝阻孩子吸烟。结果如何?孩子们自来就不服权威,且活动的宣传不仅没有让他们更加坚信吸烟的坏处,反而激发他们更强的吸烟意愿(这次运动的口号改成"沟通只会起到反作用"才更准确)。英国卫生部花费了300多万英镑,鼓励公众每天吃5份蔬菜,而蔬菜摄取量反而下降了大约11%。从20世纪90年代末到2004年,美国国会拨款近10亿美元,资助一场大规模的禁毒媒体宣传活动,却发现这些广告不仅未能说服青少年远离大麻,反倒可能鼓励一些孩子加以尝试。

研究人员意识到改变观点和思想的传统方法往往无法产生效果,于是便开始尝试其他途径,试图扭转人们的心态和理念。最终,一位刚从研究生院毕业的年轻心理学家提出了一个革命性的想法,由此改变了行为科学的进程。

正能量

制造认同:第一部分

请用从1(非常不认同)到5(非常认同)的数字给每个陈述打分,完成以下问卷。

陈述	打分
(1) 我会开着水龙头刷牙。	1 2 3 4 5
(2) 我会在本可以开汽车或坐火车的时候选择乘飞机。	1 2 3 4 5
(3) 我家里和办公室的灯泡都不节能。	1 2 3 4 5
(4) 我不把垃圾放在回收袋里。	1 2 3 4 5
(5) 我会买新品,不买二手商品。	1 2 3 4 5
(6) 我离开房间时不关灯。	1 2 3 4 5
(7) 我非常支持绿色生活理念。	1 2 3 4 5

多谢。我们一会儿再回过头来看这些问题。

2

一人传虚，万人传实

19世纪末，社会学家威廉·格雷厄姆·萨姆纳提出，一些理念是天生根植于人类大脑的。萨姆纳将这些理念称为"民俗"，并表示这些习惯非常难改变。1896年，美国最高法院需要对种族隔离的合法性做出裁决。许多种族隔离的支持者认为，种族优越性的观点便是萨姆纳所谓民俗的一个方面，因此任何通过立法反对种族隔离的努力都是徒劳。最高法院被这一论点所影响，援引"法律手段不能改变民俗"这句声明，裁定所有美国公民都应该享有同等的公共服务，但每个种族可分开使用各自的设施。实际情况是，非裔美国人所享有的设施质量往往要比其他人种差得多。

从20世纪40年代中期开始，美国民权运动致力于推翻支持种族隔离的相关法律。20世纪50年代初，最高法院被要求重新评判种族隔离学校的合法性。支持废除种族隔离的律师表示，1896年的"隔离但平等"声明有违宪法，部分原因在于，这一声明在非裔美国儿童中制造了一种自卑感。法律团队引用了几位行为科学家的研究结果，其中就包括心理学家肯尼思·克拉克和玛米·克拉克夫妇的研究。

克拉克夫妇进行了一系列现已被奉为经典的研究，要求非裔美国儿童选择一个白人或黑人玩偶，然后描述所选玩偶的性格。几乎所有的孩子都偏爱白人玩偶，并赋予它积极的特征。克拉克夫妇认为，研究结果让我们清楚地看到，实行种族隔离的学校造成了非洲裔美国儿童自尊心低下。事实证明，这个论点非常具有说服力。1954年，美国最高法院一致裁定教育设施隔离政策有违宪法。其他相关法规也很快陆续出台，包括禁止在公共汽车和其他公共交通工具上实行种族隔离。

这些法规出台时，社会心理学家达里尔·贝姆还是密歇根大学的一名研究生。原本打算学习物理学的他，被美国黑人民权运动对公众理念的影响所震撼，转而学习心理学。他决定分析1954年最高法院裁决前后美国白人对种族隔离态度的调查结果，很快，他的分析结果就揭示出一个非常奇怪的规律。

在美国最高法院做出这一具有里程碑意义的裁决前，只有少数美国白人支持废除种族隔离。例如，在1942年进行的一项调查中，支持废除学校隔离的美国白人只占30%，支持废除居住隔离的只占35%，支持废除公共交通隔离的只占44%。而就在最高法院做出裁决的两年后，这一比例显著上升，1956年的一项调查显示，支持废除学校隔离的美国白人占到49%，支持废除居住隔离的占到51%，支持废除公共交通隔离的则占到60%。

多年来，美国黑人民权运动在争取公众支持废除种族隔离的道路上举步维艰。而在最高法院做出裁决后的短短几年里，支持废除隔离的美国白人却达到了前所未有的数量。为了解答这种奇怪的现象，贝姆翻阅了各种心理学教科书，最终找到了威廉·詹姆斯关于行为和情绪的著作。

正如我们在第一章中了解到的，"装假成真"原理认为，行为会引发情绪。例如，人们微笑时便会感到快乐，皱眉时则感到悲伤。贝姆想要知道，这一原理是否不仅决定了人们的感受，还会影响他们的理念。常识告诉我们，思想创造行动。想象一下，一天晚上，你想要出去，可以选择看电影或看戏。你知道自己更喜欢看电影，于是便去了电影院。在这个例子中，你的想法（"相比于戏剧，我更喜欢电影"）创造出你的行动（到电影院去）。贝姆跟随詹姆斯的脚步，颠覆了关于人类心理的这一常识性认知，提出了行为影响理念的观点。打个比方，你打算晚上出门，被他人说服去了剧院。此时，你会审视自己的行为，下意识地想："等等，既然我在看戏，那么比起电影，我一定更喜欢戏剧吧。"就这样，你便对剧院产生了意想不到的积极情绪（如下所示）。

常识告诉我们，因果关系顺序如下：

我喜欢看电影 ——→ 我去电影院

"装假成真"原理提出，实际因果关系顺序如下：

我去电影院 ——→ 我肯定喜欢看电影

这种"装假成真"原理在思想控制领域的延伸，可以解释最高法院废除种族隔离的裁决为何会引发公众理念如此巨大的变化。这项法律裁决要求人们表现出支持废除种族隔离的样子，从而使他们在潜意识中认为："等等，既然我表现出了支持废除种族隔离的样子，那就说明我是赞同种族平等的。"就这样，人们便对废除种族隔离产生了一种更加积极的新看法。

针对种族隔离废除前后的调查都与"装假成真"原理相符，但这并不能提供决定性的证据，因为公众舆论的巨大转变也可能是民权运动的广泛宣传等因素的结果。为了研究"装假成真"原理是否真的会对人们的理念产生影响，研究人员回到实验室，进行了一系列系统的实验。

所言即所信

为了检验"装假成真"原理是否真的会影响人们的理念，研究人员邀请参与者来到实验室，要求完成有关其政治信仰的问卷调查。接下来，一半的参与者被要求发表一段简短的演讲，在演讲中支持他们反对的政党，而另一半参与者则要在一面双向镜后观看演讲。两个星期后，所有参与者又完成了另一份关于其政治信仰的问卷。

根据"装假成真"原理的预测，那些发表演讲的人听到自己对某政党发表的支持言论，会对这个政党有所改观。相比之下，那些仅仅听取演讲的人虽然会接收到完全相同的信息，但因为没有亲自就这个观点发表言论，因此不会改变自己的政治信仰。事实证明，研究结果与这一理论相符，仅仅几分钟的角色扮演，就达到了竞选活动和政治宣传连番轰炸也未能企及的效果。

多年以来，许多实验都在不同语境中运用了这种方法。实验人员让参与者发表支持各种议题的演讲，如支持堕胎、宣传酒驾的危险以及呼吁扩大警察职权等，并用影像记录下来。无论在哪种语境下，表现出对这些观点坚信不疑的样子，都能取得100个合理的理由也无法达到的收效，使得参与者的心态迅速扭转，真心信服自己在演讲中所支持的观点。

事实上，这种思想转变的程度是如此之深，以至于参与者往往会否认曾经持有最初的观点。在看到自己的原始问卷时，他们会辩称问卷被动过手脚，或表示自己看错了问题。

在以上这个例子中，所言逐渐变成了所信。受到这项研究的吸引，一些人开始研究其他行为是否也具有同样的说服力。其中两个最著名的例子，一个以眼睛的颜色作为实验工具，另一个则促成了"第三浪潮"的形成。

竖中指与竖起大拇指的不同效果

"装假成真"原理具有彻底颠覆人们意识形态的力量。这种"行为创造理念"的方法，同样可以运用在日常生活的方方面面。

现在，让我们做一个简短的实验。像做"点赞"手势那样竖起大拇指，然后阅读下面这段话：

唐纳德遇到了一个难题。过去的几个月里，他一直租住着一套公寓，但现在想搬出去住。他的合同已经到期，但房东拒绝退还押金。再三要求退款无果后，唐纳德越来越气愤。有一天，他终于压不住心中的怒火，拿起电话，对着房东臭骂了一通。

你对唐纳德的印象怎么样？你赞成他在这种特殊情况下的做法吗？现在，像给人喝倒彩一样伸出中指，然后再读一遍这段文字。这一次，你对唐纳德和他的做法有什么看法？

在大多数西方国家，对某人竖起中指往往是为了表达厌恶之情，而竖起大拇指所传达的信息则要积极得多。在这两个例子中，对于对方的喜欢或厌恶之情会对你的行为造成影响。但是，如果反过来倒推会怎么样呢？你的手势会改变你对某人的看法吗？

上面这个小小实验的灵感，源于密歇根大学杰西·钱德勒的一项研究。钱德勒邀请一群参与者来到他的实验室，解释说要进行一个关于手势和语言的实验。首先，参与者被要求伸出中指或拇指，然后阅读唐纳德和房东的故事。读完之后，参与者要通过打分表明他们对唐纳德的印象。竖起中指读这段文字的参与者认为唐纳德是一个挑衅好斗的人；而相比之下，竖起大拇指的参与者却认为唐纳德不但没有那么咄咄逼人，反而挺招人喜欢。

这项研究为我们揭示了两条重要的信息：首先，从理论层面来说，这项实验证明，仅仅用几秒钟"表现"出某种行为，就能影响你对他人的看法；其次，研究在更为现实的层面上说明，如果你有一位难以相处的同事，那就试着经常冲他竖起大拇指以示赞美。

现实生活中关于说服的问题，这仅仅是冰山一角。

比如在另一项研究中，学生要听一段关于增加学费的讨论。一些学生需按要求边听边上下点头（目的是让他们表现出赞同的样子），而另一些学生则需左右摇头（目的是让他们表现出反对的样子）。然后，实验人员让学生回答他们心中每年的学费应该是多少，那些不停摇头的学生给出的估计比那些开心点头的学生低得多。想要鼓励对方同意你的观点吗？那就在聊天过程中巧妙穿插点头的动作。作为回应，对方会模仿你的动作，并在不知不觉中对你的思维方式产生认同。

除此之外，椅子也能在说服中发挥作用。在另一项研究中，实验人员让参与者坐在一把硬木椅或软垫椅上，让他们假装与一个陌生人谈判购买新车的事宜，并对这个陌生人的性格做出评价。那些坐在硬木椅上的参与者在谈判中比较不知变通，认为对方不那么讨人喜欢。简而言之，这个实验的结果表明硬质家具会衍生出强硬的行为，因而，在住家和办公室放置柔软家具的重要性就不言而喻了。

3

行为侧重点可创造新理念

20世纪60年代末，珍·艾略特在艾奥瓦州的赖斯维尔市担任小学教师。1968年4月4日，马丁·路德·金遇刺身亡，艾略特决定开展一次关于种族主义的课堂讨论。这堂课并没有达到预期的效果，于是，艾略特开始考虑用其他方法让学生们对这个话题产生兴趣。当晚，她想出了一个大胆的计划。

第二天，艾略特告诉她的学生，蓝眼睛的孩子要比棕眼睛的孩子优秀。一开始，很多学生都对此持怀疑态度，于是艾略特灵机一动，编造出一些伪科学论据来支持这种说法，她解释说蓝眼睛与黑色素的多少有关，而研究表明，黑色素又与高智商相关。

大多数学生都相信了艾略特的伪科学，于是，她继续进行实验的下一阶段。艾略特解释说，由于蓝眼睛的孩子更优秀，他们会被赋予特权，包括午餐可以多打一份，享受更长的休息时间以及坐在教室前排的机会。相比之下，棕眼睛的孩子被视为二等公民，只能和其他棕眼睛的孩子一起玩，不许和蓝眼睛的孩子共用饮水器。为了凸显蓝眼睛学生和棕眼睛学生之间的区别，艾略特还让他们戴上不同颜色的围巾。

突然之间，"装假成真"原理开始发挥作用，这些强加的行为变化导致孩子们的性格出现了巨大的转变。蓝眼睛的孩子变得专横傲慢，而棕眼睛的孩子则变得怯懦顺从。结果，在各项测试中，蓝眼睛孩子的表现逐渐领先于棕眼睛孩子。

几天后，艾略特告诉学生她犯了一个错误，实际上，棕眼睛的孩子要比蓝眼睛的孩子更优秀。突然之间，孩子们的身份意识发生了转变，蓝眼睛的孩子变得内向了很多，而棕眼睛的孩子则愈发自信起来。在实验的最后一天，艾略特向大家揭示了真相，阐明蓝眼睛和棕眼睛的孩子之间并没有区别，这个实验的目的是帮助全班学生理解遭到歧视的感受，并让大家摘下了围巾。班里的许多孩子都失声痛哭，彼此拥抱在一起。

媒体听说了艾略特的实验，邀请她参加约翰尼·卡森主持的《今夜秀》。全美各地的观众都为这个故事动容，但许多赖斯维尔的居民却认为，这条新闻让这座城市成了人们眼中种族主义的温床。因此，艾略特的许多同事都与她断绝了往来，她的家人也遭到了言语和身体上的羞辱。

然而艾略特不为所动，在接下来的几十年里多次重复这项实验。每一次实验都得出了同样的结果，孩子们的行为会迅速影响他们对彼此的看法。许多参与艾略特实验的学生在成年后都表示，这段经历彻底颠覆了他们对社会中被剥夺选举权等权利的公民的看法。

艾略特于 20 世纪 80 年代中期告别讲坛,成为一名全职多元化培训师。

大约在艾略特根据眼睛颜色划分特权的同一时间,另一位老师正在试着用同样的方法创造出一个缩小版的纳粹德国。

1967 年,时年 25 岁的罗恩·琼斯在加州帕洛阿托一所高中任职,他魅力非凡,在校担任历史教师兼篮球教练。一向热衷于探索新式教学方法的琼斯决定采用一种不同寻常的亲身体验法,来说明促成纳粹德国形成的一些因素。

在一节课的开始,琼斯讲述了纪律和自控的益处。为了强调这一观点,他让学生们反复做出挺背坐直、双脚平放和双手交叉背后等动作。

第二天,他谈到了集体的价值,并让学生们反复背诵"集体就是力量"这句话。在课程的最后,他还发明出了一种"班礼",让学生们弯曲右手放在右肩上。下课铃声响起时,琼斯缓缓向全班同学行班礼,并让学生也回敬班礼。

翌日,琼斯给每位学生发了一张"会员卡",让他们招募其他学生加入一个名叫"第三浪潮"的新组织。除此之外,他还鼓励所有成员举报对这一计划公开表示质疑的人。

关于"第三浪潮"组织的消息很快就传遍了整个学校,一些学生甚至制作了横幅和传单来为这个组织宣传。很快,琼斯的组织就发展了 100 多名成员,其中许多人都表现出高度专制的特征,要求成员严格遵守规则。琼斯看出他的实验很快就要失控,于是决定叫停。他召集"第三浪潮"的所有成员在学校礼堂集合，向他们发表了一项特殊声明。

200多名学生在约定的时间齐聚礼堂，许多人身穿白色的衬衫，戴着自制的臂章。琼斯打开投影仪，向大家展示了记录第三帝国和纽伦堡纳粹集会历史的集体大合照。放完最后一幅照片后，琼斯宣布，这个实验的目的，是要展示人们的行为和理念多么容易受人操控，并强调每个人都需要为自己的行为负责。真相大白的那一刻，许多学生失声痛哭。

在实验过去几年后，琼斯申请终身教职的请求被拒，从那以后，他用了数十年的时间写作、演讲并与心智不健全人士共事。事后，他的实验被写入小说《浪潮》之中，这本书也成了许多德国学校的必读读物。2008年，取材自这个实验的德国电影《浪潮》上映。2010年，琼斯还将他的实验以音乐剧的形式呈现给观众。

制造认同：第二部分

请用从1（非常不认同）到5（非常认同）的数字给每个陈述打分，完成以下问卷。

陈述	打分
(1) 我不会在刷牙时开着水龙头。	1 2 3 4 5
(2) 我很少会在可以开汽车或坐火车的时候选择乘飞机。	1 2 3 4 5
(3) 我家里和办公室的灯泡几乎都是节能型的。	1 2 3 4 5
(4) 我会把垃圾放在回收袋里。	1 2 3 4 5
(5) 如果情况允许,我购买二手商品而不是新品。	1 2 3 4 5
(6) 我离开房间时会随手关灯。	1 2 3 4 5
(7) 我非常支持绿色生活理念。	1 2 3 4 5

请看一看你给第7题的打分。然后,翻回190页,对照你在练习第一部分中第7题的得分。根据纽约大学心理学家雪莉·柴肯的研究,你第一次打的分数很可能较低。

柴肯的研究表明,"装假成真"原理与理念之间的关系,也同样可以套用于人们对过去的看法。练习第一部分的调查问卷,询问的是你何时会表现得不环保,比如刷牙时不关水龙头,或是在本可以坐火车出行的时候选择了飞机。相比之下,练习第二部分的调查问卷询问的是,你何时会表现得环保,比如回收垃圾,或是在离开房间时随手关灯。

在"装假成真"原理的作用下,人们在完成第一份问卷时会认为:"嗯,我表现得不像个环保的人,也就是说,我不支持绿色生活的理念。"但第二份问卷则会让人认为:"嗯,我的行为好像非常环保,所以我肯定是个秉承绿色生活理念的人。"

在审视过去和现在的行为时,这样的问卷会提醒人们将注意力放在不同的侧重点上,这不仅能够衡量理念,还能达到创造理念的效果。

4

强制改变也会带来良好效果

2004年,美国新闻节目《60分钟》播出了一则令人震惊的报道,揭露了伊拉克阿布格莱布监狱囚犯所遭受的残忍虐待。报道称,美国士兵对囚犯实施了一系列身体和心理虐待,包括殴打、强奸和酷刑。囚犯们像狗一样被拽来拽去,被告知即将被处以电刑,被赤身裸体地叠摞在监狱走廊里。这些画面,让全世界为之骇然。美国国防部对此作出回应,开除了数名士兵,并对其中多人提出一系列指控。然而,有一个问题却一直让公众百思不得其解:这些士兵何以犯下如此可怕的暴行?

答案的核心,可以从"装假成真"原理入手。

《伊索寓言》中最著名的一则故事,要数狐狸和葡萄的故事了。故事讲的是,一只狐狸在果园里散步,碰巧看到一根高枝上挂着一串晶莹剔透的葡萄。狐狸觉得口渴,于是后退了几步,然后跳起去够葡萄。遗憾的是,它没能够到葡萄。从不轻言放弃的狐狸试着第二次起跳,可还是没有够着。狐狸花了一下午的时间，一次次想要够到枝干，但每次都以失败告终。最后它只能放弃，空着肚子离开了果园，还劝慰自己其实根本不想吃这葡萄，因为葡萄可能是酸的。

这则寓言不但衍生出了"酸葡萄"的俗语，还为"装假成真"原理提供了一个清晰的例证。刚开始的时候，狐狸觉得葡萄非常诱人，但当它不得不败兴而归的时候，却对葡萄产生了消极的看法。简而言之，狐狸首先审视了自己的行为，然后创造了一个新的理念，来证明这些行为是正确的。

几位研究人员决定加以研究，看看相同的规律是否会对人们的理念产生影响。例如，人们会不会对自己得不到的东西产生厌恶之情，而对触手可及的东西分外喜欢呢？

在一系列研究中，参与者首先要对几种产品的喜爱程度打分，比如咖啡机、三明治烤架、烤面包机和便携式收音机等。接下来，实验人员选择了两样评分相同的物品展示给参与者，并要求他们从中选择一件作为礼物。然后，他们把选中的物品放进一只盒子，用绳子牢牢系好，放在参与者的外套旁边。所有这些动作，都是为了给参与者制造一种印象，让他们觉得可以把这件物品带回家（而实际上，由于实验人员的经费很紧张，所以研究一结束就把"礼物"收回了）。最后，参与者要对这两件物品的喜爱程度再次打分。

在做出选择之前，参与者曾表示这两种物品具有同样的吸引力。然而根据"装假成真"原理，在表现出更喜欢某件物品的时候，人们便会说服自己相信更偏爱选中的物品，从而证明行为的合理性。实验结果证实了这一理论：一旦做出选择，参与者便发现自己所选的物品更惹人喜爱了。

在另一项研究中，研究人员离开实验室，前往赛马场。他们随机选择了一群即将下注的人，让他们对所选的马赢得比赛的概率打分。平均来说，这些人都表示他们的马与其他马有同样的机会赢得比赛。然后，研究小组又找到了一组刚刚下注几秒钟的人，向他们提出同样的问题。根据传统理论，在下注前后，人们的判断应是大致相同的。然而"装假成真"原理却预测，人们会不自觉地认为："嗯，我看到自己刚刚下了注，这表明我确信这匹马会赢。"由此，他们对自己的决定也变得更有信心。实验人员果然发现，在刚刚提交投注单的参与者看来，他们所选的马有很大的机会第一个冲过终点。

温暖让我们更有安全感

从很小的时候起，我们就把温暖与安全联系在一起（想一想"暖暖的拥抱"和"温暖的壁炉"），而把冷漠与不友好联系在一起（想一想"坐冷板凳"和"冰冷的目光"）。受到这一观点的启发，曾供职于西北大学的心理学家钟晨波想要通过实验证明，被排除在群体之外是否真的会让人产生冷的感觉。在一项实验中，钟教授召集了一群参与者，让其中一半人回忆生活中被他人拒绝的经历，让另一半人回忆被群体接纳的经历。然后，所有人都需要估计所在房间的温度。结果非常显著：与那些回忆自己被集体接纳的参与者相比，那些回忆起被孤立经历的参与者认为房间要冷得多。看来，孤独确实会让人感觉更冷。钟教授认为，温暖和社会融入感之间的这种联系或许在生命早期就已经开始形成，自从依偎在父母的怀抱中起，孩子们便能够感受到归属和身体的温暖。

鉴于孤独的人会感到身体寒冷，"装假成真"原理预测，身体的温暖应该会大幅提高人们的友善程度。科罗拉多大学心理学家劳伦斯·威廉姆斯的研究表明，事实确实如此。威廉姆斯进行了一项实验，发给参与者一杯热咖啡或一杯冷饮，让他们阅读一篇关于一位陌生人的简短描述，然后为这个陌生人的性格打分。与那些手捧冷饮的参与者相比，有咖啡暖身的参与者认为这位陌生人要友好得多。

这个实验的含义显而易见：如果想和某人成为朋友，那就不要在吹着冷气的酒吧里喝冰镇鸡尾酒，而要在暖烘烘的炉火前喝一杯热乎乎的茶。

同样，这种效应也体现在许多其他情境中。想象一下，你去买一件冬天穿的外套，面前是一整架漂亮的外套。所有的衣服都很漂亮，你花了好长时间才决定买哪一件。然而，在把信用卡递给收银员的那一刻，你却突然开始为自己的行为辩护，想出诸多理由来证明你选的外套明显比其他好得多。不过一会儿，这种行为就会让你形成一种新的理念，确信自己做出了正确的决定。不幸的是，这种效应也会造成过度自信，导致政客们固执推行无效的政策，企业坚持推广不成功的产品，投资者顽固支持糟糕的项目。

"装假成真"原理不仅解释了行为如何导致过度自信，还让我们看到，为何人们违背内心意愿做事的时候，会出现一些奇怪的举动。

20世纪60年代，美国杜克大学的心理学家杰克·布雷姆开展了一项研究，探索"装假成真"原理是否可以用来改变儿童对蔬菜的看法。布雷姆首先给大约50名儿童看了一长串的蔬菜清单，让他们对每种蔬菜的喜爱程度打分。几个星期后，他对孩子们提出，他想知道他们在吃过蔬菜后会不会改变看法，于是问他们愿不愿意品尝一种随机挑选的蔬菜。事实上，这些蔬菜并非随机挑选，而是布雷姆特地购买的每个孩子最不爱吃的蔬菜。每个孩子都拿到了他们最不喜欢的蔬菜，并被要求在接下来的几星期里每星期吃3份。一个月后，布雷姆找到了这些孩子，给他们看了一长串的蔬菜清单，再次要求他们为每一种蔬菜打分。按照"装假成真"原理的预测，孩子们会因为自己吃过某种蔬菜，劝说自己一定非常喜欢这种蔬菜，从而证明行为的合理性。实际情况也确实如此。布雷姆的研究传达的信息很明确：说服别人去做不喜欢的事情，对方便往往会让自己相信这件事并没有那么糟糕，从而证明行为的合理性。

这一有趣的现象也让我们明白，为什么制定法律往往能够有效扭转公众的理念。英国在公共场所禁烟后，许多烟民发现抽烟要比以前麻烦许多，便逐渐采取了反对抽烟的态度。同样，民意调查显示，英国政府立法强制开车系安全带后，许多人都开始认为系好安全带是明智之举。正如"装假成真"原理所示，在每一种情况下，人们的行为都使他们接受了对应的理念。

然而，虽然有些改变能带来积极的效果，但一些改变也会招致痛苦和灾难。

几年前，俄亥俄州立大学的心理学家大卫·格拉斯进行了一项效果惊人的实验。格拉斯召集了一批参与者，让他们一次一人进入实验室，介绍给另一位参与者认识（实际上是实验人员雇的托儿）。两人在一起聊了几分钟，然后参与者被要求回答一些关于这位新朋友的问题，包括是否愿意让这个人进入自己最亲密的朋友圈，以及是否愿意与对方合租一间公寓。

接下来，遵循诸多社会心理学实验长期秉承的传统，实验人员解释说，两名参与者现要参与一项研究，其中一人努力记住一长串单词，每当犯错时，另一方就会对他进行电击。实验人员通过抛硬币来决定任务的分配，是的，你没猜错，真正的参与者需要对另一方实施电击。然后，参与者走进摆有电击设备控制器的房间，而托儿则走进了隔壁房间。

两个房间通过对讲机相连，因此参与者可以听到托儿的声音。每次托儿犯错的时候（且犯错的概率相当大），参与者都以为自己正在对对方施加100伏特的电击（实际上，电击设备并没有接电，托儿正静静地坐在隔壁享受三明治呢）。

实施了几次电击之后，实验人员让参与者回答对自己的行为有何感受，并再次打分评判对这位托儿的喜爱程度。这些参与者本可以将自己作为施虐方看待，或是觉得自己只是在服从命令，然而，大多数参与者都不愿把自己视为坏人，并为自己的行为辩护：对方并不是个好人，所以理应受到电击。正如"装假成真"原理所预测的那样，参与者基于自己的行为，形成了一个新的理念。在以上例子中，参与者表现出不喜欢对方的样子，因此最终说服自己相信对方不讨人喜欢，受到惩罚也是理所当然的。

　　在本节的开头部分，我描述了美国士兵在伊拉克阿布格莱布监狱虐待囚犯的案例。格拉斯的研究结果说明，"装假成真"原理也可以对这种暴行做出解释。如果一个自尊心很强的监狱看守对囚犯施行了一项不太严重但不合法律的惩罚，他可能会说服自己相信这个囚犯是个坏人，理应受到这样的对待。这样的想法会使这名看守相信自己有理由实施更多的虐待，从而进一步相信这名囚犯活该受到更严厉的惩罚。如果长时间放任，这个循环便会愈演愈烈，导致局势迅速失控，最终产生阿布格莱布监狱骇人听闻的暴行。

　　幸运的是，并非所有关于"装假成真"原理对人们思维影响的研究结果都如此阴暗。从积极的一面来看，也有研究表明，这一原理不但可以帮助人们维系感情，甚至可以挽救生命。

个人魅力与共情力

请用从 1（非常不认同）到 5（非常认同）的数字给你对每个陈述的认同程度打分。

陈述	打分
(1) 我常常随着音乐用脚打拍子。	1 2 3 4 5
(2) 看到落单的人，我会感到难过。	1 2 3 4 5
(3) 我喜欢拥抱别人。	1 2 3 4 5
(4) 我非常关爱动物。	1 2 3 4 5
(5) 我很擅长把别人逗笑。	1 2 3 4 5
(6) 如果周围的人感到紧张，我也会很快焦虑起来。	1 2 3 4 5
(7) 我很容易"吸引别人的目光"。	1 2 3 4 5
(8) 看爱情片或听情歌时，我经常会哭出来。	1 2 3 4 5
(9) 人们常说，我是派对的中心人物。	1 2 3 4 5
(10) 我喜欢送人礼物，也很享受看对方拆开礼物时的表情。	1 2 3 4 5

如果让人们说出一个魅力十足的人物，他们很可能会想到马丁·路德·金、纳尔逊·曼德拉、约翰·肯尼迪和巴拉克·奥巴马。然而，如果让他们解释为什么这些人具备这种神秘特质，他们却难以为这种难以捉摸的品质下具体定义。

我们都会模仿周围人的面部表情和肢体语言。这个过程是在无意识中自发进行的，只需一眨眼的工夫就能完成。看到别人微笑时，你的嘴角会开始向耳朵移动。同样，看到别人皱眉时，你的眉毛也会开始往一起绞。这个过程使得情绪从一个人传播到另一个人身上，并逐渐发展出促使群体共情和凝聚的功能。

有些人天生擅长用表情、身体和声音来诱导别人的情绪。加利福尼亚大学心理学家霍华德·弗里德曼的研究表明，这样的人在别人眼中极富魅力。他们会引导周围的人感受到他们的激情和能量，促使情绪从一个人蔓延到另一个人。这个过程能够让整个房间充满活力，牢牢抓住成千上万观众的注意。在说服他人时，魅力十足的沟通者通常不用一般的途径，引导人们去感受而不是思考，因此，他们的话能直接说进别人的心里。

同样，还有一些人特别善于"捕捉"别人的情绪。在一项实验中，瑞典乌普萨拉大学的佩尔·安德烈亚松先是要求一组参与者评估自己的共情程度，然后向他们展示或快乐或愤怒的人的照片。当共情能力强的参与者看到一张快乐的脸时，他们嘴角周围的肌肉便立即开始活动起来；相比之下，那些表示自己共情能力较差的参与者几乎没有任何反应。同样，当共情能力强的参与者看到一张愤怒的脸时，他们的眼睛会立即眯起来；而共情能力差的参与者仍是面无表情。通过表现出感染周围人情绪的样子，共情能力强的人便真的能够感受到他人的苦乐。

开头部分的问卷测试的是你传递和接收情绪的能力。把奇数问题（问题 1、3、5、7 和 9）的得分加起来，就能得出你的魅力得分。把偶数问题（问题 2、4、6、8 和 10）的得分加起来，就能得出你的共情得分。

正能量

魅力得分：_____

5~15 分为较低，16~25 分为较高。

共情得分：_____

5~15 分为较低，16~25 分为较高。

5

一致行动给团队带来的巨大力量

穆扎弗·谢里夫于1906年出生于土耳其。十几岁的时候,谢里夫目睹了希腊军队在希土战争期间犯下的一些暴行。看到无辜的土耳其公民遭到抢劫、折磨和杀害,谢里夫感到非常震惊,他想知道,为什么人们有时会做出如此野蛮的事情。他报考了心理学学位,然后移民到美国,在哈佛大学继续他的学业,最终在学术上取得了卓越的成就。

在美国期间,谢里夫进行了一项极具争议的实验,试图解释他在十几岁时目睹的暴行。在此过程中,他无心插柳地完成了一项伟大的实验,验证"装假成真"原理能否用来拉近人们在感情上的距离。

首先,谢里夫需要找到一群毫不知情的志愿者来参加他的实验。他在几所学校的操场上闲逛,暗中观察一群12岁的男孩(如果有人举报谢里夫行为不端,辩护律师可以将实验作为辩护证据)。他想要寻找那些心理情况稳定、较受欢迎且智力正常的男孩。每找到一个看似符合条件的男孩，谢里夫便就会立即申请查这个男孩的学校记录，确保此人不爱乱发脾气，且出勤记录良好。一段时间后，谢里夫收集了一份符合条件的学生名单，进入选择过程的第二阶段。谢里夫与男孩的父母见面，解释他的计划，并询问是否可以把他们的儿子带去参加一个为期3个星期的心理实验。最后，他集合了一支由22个男孩组成的小组。这些男孩并不知道自己即将参加一项实验，还以为自己被选中参加夏令营。

接下来，谢里夫需要搭建一个环境，以便对精心挑选的男孩进行操纵和监视。在考察了几个可选地点后，他最终在俄克拉何马州找到了一个偏僻孤立的州立公园。这座公园距离最近的城镇有60多千米远，由约0.80平方千米的森林组成。就这样，这座远离尘世的公园成了谢里夫实验的最佳地点。

公园里有两个独立的营地，中间被茂密的绿色植被隔挡。每个营地都设有各自的小木屋、餐厅、游泳池和泛舟湖。除此之外，两个营地还共用一个大型棒球场。

谢里夫将男孩们随机分为两组，确保他们对彼此的存在毫不知情，然后用巴士将其中一组送到第一个营地，另一组送到第二个营地。

在整个实验过程中，谢里夫都在扮演公园清洁工的角色，而研究团队则扮演夏令营的协管员。从表面来看，谢里夫和他的团队似乎对这些男孩的一举一动没什么兴趣，但实际上他们暗中对男孩的日常行为进行了大量记录，秘密录下了他们的谈话，还拍摄了上千张照片。

在实验的第一阶段,谢里夫希望鼓励每组男孩团结一致,因此安排他们参加各种集体活动,包括徒步旅行、打棒球和游泳。他要求每个小组为自己的团队起一个名字,还要制作自己的旗帜。其中一组为团队取名"响尾蛇",另一组则取名为"老鹰"。

谢里夫的计划奏效了,短短几天的时间,这22个素昧平生的男孩就形成了两支关系紧密的团队。谢里夫对进展十分满意,于是推进到实验的第二阶段:通过实验制造仇恨。

研究人员定好了一个早晨,告知响尾蛇队这里还有一支老鹰队,也让老鹰队知道了响尾蛇队的存在。两组男孩都喜欢打棒球,本以为棒球场由自己的团队独享,因此将这里视为自己的领地。研究人员决定利用现状营造一种竞争感,于是告诉老鹰队和响尾蛇队,另一支团队也一直在使用球场。两支团队都觉得受到了威胁,想要通过某种比赛向另一队提出挑战。研究人员建议他们组织一场拔河或棒球比赛,还提出会给获胜的团队颁发奖牌和奖杯。

两组人同意翌日通过棒球比赛一决胜负。这场比赛一开始,便充满了火药味。老鹰队挥舞着团队的旗帜,高唱着电影《法网》中带有威胁意味的主题曲。比赛刚刚拉开序幕,老鹰队就开始高呼"我们的投手比你们的强",招来响尾蛇队的谩骂。老鹰队的成员被"肥仔"和"胖墩"等绰号激怒,掏出几根火柴,点燃了响尾蛇队的旗帜。响尾蛇队对这次重创心存怨怼,决定回到自己的小木屋,计划对老鹰队的营地发动袭击。

那天晚上 10 点半，响尾蛇队在脸上和手臂上涂上黑色颜料，对老鹰队的小木屋发起了突袭。几分钟后，床铺被掀翻和蚊帐被扯下的声音将老鹰队惊醒。愤怒之下，老鹰队决定在当晚晚些时候发起反攻。看到老鹰队准备将石头作为武器时，实验人员制止了这次进攻。足智多谋的老鹰队同意取消晚上的袭击，改在第二天早上进行报复性攻击。他们拿着棍棒和球棒，洗劫了响尾蛇队的小木屋，然后回到自己的小屋，在袜子里装满石头，准备迎接对方可能发起的回击。

仅仅几天之内，原本平静的营地竟然发生了威廉·戈尔丁在小说《蝇王》中描述的场景。谢里夫经过精挑细选，已经排除了这些男孩存在任何心理变态倾向的可能。但他却在后来表示，如果有人在实验的这个阶段观察两组男孩，一定会认定他们是一群"邪恶、暴躁、残酷的年轻人"。

这种戏剧性的转变是如何发生的呢？谢里夫的实验旨在探索，特定的环境是否能让头脑清醒的正常人表现出极具攻击性的行为。在展开这项实验之前，他研究了希腊军队在入侵土耳其期间所施的暴行，并得出结论，大部分侵略行为的根源在于，战争双方都有着强烈的民族认同感，并且要争夺有限的资源。为了验证这一假设，谢里夫在实验中搭建了两个相同的小规模环境，先是鼓励男孩们团结在一起，然后再让他们因争夺棒球场的使用权而硝烟四起。情况一度失控，冲突随着一系列针锋相对的报复举措迅速升级。谢里夫认为，无论争端源于土地、权力、金钱还是工作，同样的过程都会迅速造成一个群体与另一个群体的对立。

实验诱导的暴行让谢里夫心神不安，他决定进入研究的最后阶段：利用实验营造团结。

在这一阶段的开始，实验人员让男孩们对自己和对方团队的某些成员进行描述——男孩们倾向于认为自己团队的成员既勇敢又坚强，而另一团队的成员则狡诈而不可靠。

谢里夫首先想要尝试，灌输大量信息有没有可能改变男孩对彼此的看法。他要求两支团队参加星期日的礼拜，让牧师明确宣传宽恕、团结和兄弟之爱。男孩们静静地离开了教堂，没过几分钟，就开始密谋向对方发动袭击。

在布道失败后，谢里夫采取了另一种方法，探索让两支团队互相帮助能带来怎样的效果。

关系紧密的人，通常会采取一致的行动。拥有相同宗教信仰的人会聚在一起祈祷，军人们齐步行进，球迷们则为自己的球队共同欢呼，参加政治集会的人会一齐为演讲鼓掌。然而，表现出群体一员的样子，是否有助于将人们凝聚在一起呢？

为了找到答案，谢里夫策划了一系列虚假的紧急事件，鼓励响尾蛇队和老鹰队并肩作战。有一次，两支团队被告知有人蓄意破坏了供水系统，两队需要共同努力解决问题。实际上，根本不存在什么破坏者，而是实验人员把两块大石头压在供水系统上，故意造成了破坏。两支团队明白自己都需要饮用水，于是一起努力，把石头搬走。

还有一次，一位"夏令营协管员"（其实是研究小组的成员）

要开车去最近的城镇,给两支团队买一些好吃的食物。谁知卡车却突然出了故障,于是,老鹰队和响尾蛇队不得不团结协作,一起帮忙发动卡车。

这种做法的效果非常显著。只过了短短几天,老鹰队和响尾蛇队之间的敌意便烟消云散,关系紧密起来。在实验的最后一晚,老鹰队的一名成员拿出一把尤克里里,为响尾蛇队弹奏了一首歌曲。作为回报,响尾蛇队的一名成员则模仿了唐老鸭,根据谢里夫研究笔记上的记录:"……这次模仿大受好评。"

谢里夫这项精彩实验最后阶段的结果表明,"装假成真"原理有改善人们对彼此印象的威力。通过鼓励响尾蛇队和老鹰队彼此合作,谢里夫成功地让两支团队对对方产生了更加积极的看法。

受到此类研究的启发,一位研究人员开始进行探索,试图在现实世界中用同样的原理拉近孩子之间的关系。

团结就是力量

想要让一群人迅速团结起来,怀揣同样的理想?那就让他们采取一致的行动吧。

几年前,来自斯坦福大学的斯科特·威尔特姆斯和奇普·希思召集了一些学生，让他们组成 3 人小组。其中一些小组被要求在校园里正常行走，而另一些小组则被要求组成一支迷你军队，按同样的路线齐步行进。在实验的另一部分，研究人员要求一些小组听国歌，而另一些小组则要跟着音乐一起歌唱并随着音乐摆动身体。然后，每支小组都被要求玩一种桌游，可以在游戏中选择帮助或阻碍对方。结果，那些齐步走路和齐声唱歌的人很快就建立了联系，在游戏中选择互相帮助的概率也要高很多。

团结一致的人经常行动一致，同样，一致的行动也能够帮助人们团结在一起。

拼图先生

20 世纪 70 年代初，得克萨斯大学的心理学家埃利奥特·阿伦森与当地一所学校的负责人取得了联系。这位负责人解释说，奥斯汀市的许多学校不久前都废除了种族隔离制，因此，不同种族背景的孩子们第一次共享了同一间教室。但不幸的是，不同种族群体之间的猜忌和不信任情绪根深蒂固，导致学校充满了敌对气氛甚至发生了暴力事件。

这位负责人问阿伦森有没有可以缓解这个问题的方法。阿伦森访问了几所学校，注意到大多数学校都会在学生之间营造强烈的竞争意识。就像谢里夫让响尾蛇队和老鹰队争夺棒球场的使用权一样，老师们也在无意中鼓励班里的学生为了取得好成绩而相互竞争。阿伦森知道，谢里夫曾通过让实验对象共同协作而取得了显著成效，于是，他发明了一种被称为"拼图法"的新式学习方法。

让我们假设，一位老师想让自己的学生了解马丁·路德·金的生平和思想。这位老师先把学生分成5~6人的小组，确保每个小组成员的性别、种族和能力各异。接下来，老师会把课程按不同因素分成几个不同的部分。以马丁·路德·金为例，这些信息可能包括他的童年、其他领导人对他生活的影响、早期抗议活动、当选主席、遭遇暗杀和对人类的贡献。

然后，每组中的每名学生只需挑出部分内容进行学习。学生们先是花了一些时间获取相关信息，然后老师打乱分组，让所有学习同样内容的学生坐在一起。这样，每支新形成的小组可以讨论他们所学到的知识。例如，一组学生可能会分享马丁·路德·金的早期生活，而另一组学生可能会讨论他对人类的贡献。在这些讨论结束后，学生们回到原来的小组，与小组成员分享自己学到的新知识。每节课结束时，老师会就所学内容进行一次小测验，让学生看看自己学到了什么，以及在哪些地方还有所欠缺。

阿伦森将"拼图法"引入了几个随机选择的班级。这些班级的学生只花了很少的时间使用这种方法，但很快就减少了对彼此的偏见，而且变得自信了很多。不仅如此，使用这种方法的孩子的缺勤率有所下降，在学年末考试中的成绩也有所提高。

在社会心理学的开创性著作《社会性动物》中，阿伦森讨论了"拼图法"对一位名叫卡洛斯的墨西哥裔美国学生的影响。在参与这项研究时，卡洛斯不太会说英语，在一所条件较差的种族隔离学校接受了多年教育，以致他性格内向且缺乏安全感。使用"拼图法"学习后，卡洛斯开始被迫跟小组成员进行对话。他结结巴巴地阅读材料，很快就引来了同学们的阵阵嘲笑。阿伦森的一名研究人员听到了这段对话，于是引导小组成员将注意力放在合作的必要性上，并指出，如果想在即将到来的考试中取得好成绩，他们就必须鼓励卡洛斯与他们对话。几个星期后，卡洛斯的小组成员都成了经验丰富的采访者，能够提出有效的问题，并引导卡洛斯给出明确的回答。简而言之，大家都表现出了喜欢卡洛斯的样子，而卡洛斯也很快融入群体之中。由此，他的自尊心和成绩都得到了提高。

多年后，卡洛斯偶然看到阿伦森的著作，认出了书中的自己。当时，卡洛斯刚刚被哈佛大学法学院录取。他写信回忆起阿伦森访问学校的情景（"你个子很高……留着浓密的黑色络腮胡，你风趣幽默，把我们大家逗得开怀大笑"），也回忆起"拼图法"如何将敌人转化成了朋友。在信的最后一段，卡洛斯解释了给阿伦森写信的原因：

> 我的妈妈告诉我，我出生时差点儿夭折。我是在家里出生的，当时，我被脐带缠住了脖子，助产士给我做了人工呼吸，救了我的命。如果她还活着，我也会写信给她，告诉她我长大了，头脑聪明，身体健康，就要去上法学院了。但是，她几年前已经离开了人世。之所以给你写信，是因为你和她一样，也挽救了我的生命。

第六章

用行为塑造全新的自我

在这一章,我们将学习如何通过改变行为从而改变性格,如何通过高能量姿势、得体的服饰搭配让自己更加自信,以及延缓衰老带来的影响。

没有人能够长期保持人前一面背后一面，而不最终混淆哪面是真哪面是假。

——纳撒尼尔·霍桑

1

改变你的行为就能改变你的性格

想象你去参加一场工作面试,面试官要求你用3个词形容自己的性格,你会怎么回答?例如,你是外向还是害羞?有创意还是务实?有进取心还是悠闲从容?如果面试官提问,是什么成就了今天的你,你会怎样回答?比如说,你觉得你的性格是由遗传、童年经历还是成年后的事件决定的?

世界上许多伟大的思想家都曾试过找出这些问题的答案。维多利亚时代的科学家弗朗西斯·高尔顿爵士相信,仔细研究人们头骨上的凸起和鼻子的形状,便可以有效地确定其性格。西格蒙德·弗洛伊德认为高尔顿的方法非常古怪,他认为人的个性是由童年时获得最大快感的身体孔洞决定的(由此产生了"口腔型"人格和"肛门型"人格的概念)。精神病学家卡尔·荣格则认为高尔顿和弗洛伊德的观点都是无稽之谈,他认为人的个性是由出生时的天体位置决定的(话说回来,荣格是狮子座,因此天生就爱异想天开)。

不用说，绝大多数现代心理学家并不会根据头骨凸起、身体孔洞或是星座进行性格分类，相反，他们会从你的主要性格特征入手。

几千年前，著名的希腊哲学家希波克拉底萌生了两个有趣的想法。首先，他建议所有医生都立下所谓的"希波克拉底誓言"，承诺永远以患者的最大利益为出发点（除非巨款当前）。其次，他指出，血液、黄胆汁、黑胆汁、黏液四种体液的不同比例，会使人们形成以下四种性格中的一种："抑郁质"（焦虑型内向者）、"黏液质"（放松型内向者）、"多血质"（放松型外向者）和"胆汁质"（焦虑型外向者）。尽管希波克拉底关于体液的想法很快就失去了人气，但试图用简单框架归纳看似复杂的人格的方法却历久弥新。

20世纪30年代，哈佛大学心理学家高尔顿·奥尔波特偶然发现了希波克拉底的著作，想知道科学是否有助于揭开性格结构之谜。奥尔波特费尽心思地在一本大字典里查找，想把所有可用来描述一个人性格的形容词记录下来。在找出了大约4 000个单词后，（勤奋、努力、无聊）的奥尔波特忍无可忍，把工作交给了同事雷蒙德·卡特尔。（富有同情心、乐于助人、体贴）的卡特尔仔细读完了奥尔波特庞杂的列表，将其中所有重复描述同一种特征的单词删除。最终，（富有同情心）的卡特尔列出了大约170个核心形容词。

接下来，几支研究团队找到数千名参与者，让他们根据这些形容词给自己的性格打分，并使用一种所谓"因子分析"的复杂统计技术分析其中的数据结构（想想就头疼）。研究结果表明，希波克拉底把所有性格一律归于四种类型的观点是错误的。实际上，人类的性格存在几种不同的维度，每个人都处于各个维度的不同位置。例如，并非人人都是非外向即内向，而是存在一个可以滑动的"刻度尺"，一端是"太棒了！去派对玩个痛快吧！"，另一端则是"哎呀，真烦，我宁愿待在家里读一本好书"。其中，每一种人格的基本维度都被称为一种"特质"。

在接下来 50 年左右的时间里，心理学家为多少特质才能完整描述一个人的性格争得不可开交。例如，卡特尔坚信人有 16 种核心特质，而英国心理学家汉斯·艾森克却只划定了 3 种。在 20 世纪 90 年代初，大多数研究人员同意采取折中策略，认为存在以下几个基本维度："开放性"（渴望全新而不寻常体验的倾向）、"尽责性"（条理分明或自律的倾向）、"外向性"（需要来自外部世界和他人刺激的倾向）、"亲和性"（关心他人的倾向）、"神经质"（情绪不稳定的倾向）和"数学痴"（遇到基本算术都会抓狂的倾向）。[1]

许多研究人员认为，从一定程度来说，我们在这 5 种性格特征的得分取决于基因构成。以内向 - 外向维度为例，根据传统的人格理论，就像电视机第一次开机时可能存在预设音量一样，我们的 DNA 也创造了一个具有一定预设唤醒水平[2]的大脑。如果你是一个内向的人，大脑便自然处于唤醒状态，也就是说，你会尽

---

[1] 这就是著名的"大五人格理论"，最后一项是幽默的作者加上去的。——译者注
[2] 心理学和生理学术语，指人类等动物的中枢神经系统激活程度。——译者注

量避免那些进一步刺激你已被唤醒的大脑环境。因此，无论在什么情况下，你都会倾向于避免明亮的灯光和嘈杂的人群，而是更喜欢从容一些的活动，比如阅读和安静聊天。如果你是一个外向的人，大脑预设的唤醒水平较低，因此需要得到持续的刺激。正因为如此，无论在什么情况下，你都容易被参与人数众多、充满冒险和冲动的刺激活动吸引。

根据这一观点，你的个性根植于大脑，导致你用同样的方法应对各种不同的情况，并且一生都不会改变。尽管所有这些观点听起来都很合理，却与真实情况相差甚远。

一个人的性格会使他始终用相同的行为模式应对不同的情况。关于这一理念，很多心理学家都进行过测验。例如，一项研究中，实验人员请一个青少年夏令营的辅导员暗中记录男孩们在各种行为中表现出的外向程度，比如在用餐时说话、出风头以及主动发起谈话。然后，研究人员比较了男孩们在奇数日和偶数日的外向程度，并仔细分析了数据。"性格导致行为"理论推测，男孩的行为会表现出高度的一致性，外向的人会滔滔不绝地聊个不停，而内向的人则会一直躲在角落里。而事实上，研究结果并没有显示出这种一致性的证据。一个男孩会在某一天表现得精神抖擞、能说会道，第二天却表现得安静而孤僻。

在另一项实验中，心理学家访问了几所学校，并通过设置逼真的情境来考验学生有多诚实。研究小组给孩子们制造机会去偷"落"在桌子上的钱并通过撒谎避免麻烦，甚至提供了一次篡改考试成绩的机会。每一次，这些孩子的行为都被暗中记录下来，并与其他情形下的表现进行对比。根据"性格导致行为"理论，倾向于盗窃、撒谎和作弊的应该是同一批孩子，但实验结果却没有表现出这种一致性。这些孩子在一种情况下表现出了不诚实的行为，但在另一种情况下却听从了内心天使的声音。

部分研究人员对"性格决定行为"这一理念感到失望，并着手寻找一种审视人格的全新视角。

在前几章中，我已经展示了大量的研究，说明人的行为如何对情绪、思想和意志力产生影响。绽放微笑，你会感到更加快乐；与他人牵手，你会发现对方有一种莫名的吸引力；绷紧肌肉，你就能产生更强的自控力。受到这项研究的启发，一些研究人员想知道，同样的原理是否也可以解释行为和性格之间的关系。难道，并非性格导致我们以特殊的方式行事，而是行为导致我们发展出特殊的性格吗？

常识告诉我们，因果关系如下：

外向的性格————▶外向的行为

"装假成真"原理提出，实际因果关系如下：

外向的行为————▶外向的性格

如果事实真的如此，这种前后颠倒的视角或许能让我们随意改变自己的人格。例如，只需改变行为，你就能立即变得不那么咄咄逼人、特别惹人喜爱且自信心爆棚。

研究人员在过去的 40 年里不断研究，探索"装假成真"原理是否真能让我们成为全新的自己。这段现实版的皮格马利翁[①]之旅，始于一项需要用到一组厨用压模和几条蚯蚓的特殊实验。

[①] 皮格马利翁是希腊神话中的塞浦路斯国王，他根据心中理想的女性形象创作了一个象牙塑像，并爱上了这件作品，最终作品被赋予了生命。皮格马利翁在后世成为一种社会心理效应的名称，指期望什么，就会得到什么。——译者注

2

高能量姿势让你更自信

遭到别人的质疑时，你能坚信自己的判断吗？你能把曾经犯的错误抛在脑后，不浪费过多时间为未来迷茫焦虑吗？你觉得你在大多数情况下都能应对自如吗？如果所有这些问题你都能给出肯定的回答，那么你可能拥有高自尊；而一连串的"不"，则表明你有些缺乏安全感。

根据传统的"性格导致行为"理论，极低的自尊有几个弊端，比如促使人们忍受丢脸和有辱人格的体验。然而，"装假成真"原理却完全颠覆了这个理念。并非低自尊导致人们忍受有辱人格的体验，而是有辱人格的体验导致人们低自尊。心理学家詹姆斯·莱尔德决定进行相关研究，探索事实是否真的如此。

在第一章中，我描述了莱尔德针对"装假成真"原理进行的第一次实验，并由此发现了微笑会让人感到快乐的秘密。初步研究的积极成果让莱尔德大受鼓舞，于是他将学术生涯的大部分时间都倾注在探索这一原理的威力上。

想象一下，你报名参加了莱尔德的研究。你被邀请到实验室，填写一份关于自尊的问卷。然后，实验人员把你带到另一个房间，让你在一张小桌子旁坐下。桌子上有一组厨用压模，一副刀叉和一条活蚯蚓。实验人员解释说，你必须完成两项任务中的一项。你可以举起每个压模，根据重量排序，也可以把蚯蚓切开，吃到肚子里。

然后，研究人员抛掷硬币，并告知你不幸被分配到了吃蚯蚓的任务。你坐在蠕动的蚯蚓面前，盯着这只活生生的小不点儿看了一会儿。这时，实验人员要求你在进食前完成第二份自尊问卷。

这个实验经过精心设计，旨在探索"装假成真"原理是否可以应用于自尊。莱尔德认为，如果人们发现自己即将经历一段有辱人格的丢人体验（即表现出低自尊的样子），便很可能得出结论，觉得自己确实很自卑。果不其然，那些要吃蚯蚓的参与者的自尊心彻底崩溃了。就像微笑会使人快乐一样，贬低人格的体验也让人的自尊心受到重创。

然而，研究并未就此结束。想象一下，你已经完成了第二份问卷，正要举起刀叉的时候，实验人员冲进房间，解释说他完全搞错了。实际上，你有选择完成哪项任务的权利。那么，你是选择继续把蚯蚓吃下肚，还是想为压模排序呢？

莱尔德知道，低自尊的人通常认为自己理应经历糟糕的体验，他想知道，实验室诱导出的自卑感是否会让他们的行为有所改变。随机分配到为压模排序的参与者中，没有一个人改为食用蚯蚓。而值得注意的是,在那些被分配食用蚯蚓的参与者中,只有20%的人选择了为压模排序。对这些人来说,尽管有权选择更加轻松的任务,但在实验中产生的低自尊却导致绝大多数人继续选择吃蚯蚓(不过,就在参与者即将开吃的时候,实验人员冲进房间,中止了实验)。

莱尔德的研究发表后,一些心理学家对这种方法进行了批评,认为参与者可能知道研究人员绝不会让他们真的吃蚯蚓,因此只是在扮演角色。于是,其他研究人员重复了这项研究,这次使用的是大只的可食用毛毛虫。在第二项研究中,参与者真的食用了毛毛虫,由此得出的实验结果,验证了莱尔德最开始的理论。

那些在生活中不幸遭遇坏事的人,通常会落得自卑的心理,甚至为此而自责。个中原因,我们可以利用这种效应来加以解释。那些毫无理由遭到暴力袭击的人,常常会觉得自己是袭击产生的原因;而那些身患绝症的人也会想,自己是不是做了什么错事才会有此命运。正如"装假成真"原理所预测的那样,被迫忍受不愉快事件的经历,直接导致他们产生负面的身份认同。

坏消息是,这个过程一旦开始,便会愈演愈烈。低自尊的人会忍受更多的负面事件,而这些负面事件反过来会进一步导致自尊继续下降。

好消息是,利用"装假成真"原理,我们也可以让自尊和自信激增。

高能量姿势

大多数旨在培养自尊的课程全部基于同一种观点，即自尊和自信的匮乏是人们对自己的看法造成的。因此，这些课程会鼓励学员将注意力放在自己的成功案例上，或是要求他们想象自己更加自信的样子。相比之下，"装假成真"原理却告诉我们，更加快捷有效的方法是，直接要求人们改变自己的行为。

在一项早期研究中，实验人员召集了一组参与者，表面的理由是检测一种新开发的塑料眼镜是否会对用户的感知产生影响。参与者被分为两组，接受了同样的智力和性格测试。其中一组被要求正常完成测试，而另一组则被要求戴上一副透明镜片的眼镜。由于人们常把眼镜和智慧联系在一起，实验人员推测，仅仅戴上眼镜就会让人立刻感觉变得聪明和自信起来。果不其然，两组参与者在智力测试中的分数没有什么差别，但戴上眼镜的参与者认为自己发挥得更稳定，更有能力且更有学问。

除此之外，姿势也很重要。来自哥伦比亚大学的研究人员戴娜·卡尼发现，自信的人往往自我感觉良好，也更愿意冒险，睾酮（一种与强势相关的化学物质）水平较高，而皮质醇（一种与压力相关的化学物质）水平较低。卡尼想要知道，如果让一群人摆出强势的姿势，会产生什么效果。为了找到答案，卡尼和她的同事们召集了一组参与者，解释说要请他们帮助评估一种新型心脏监测系统，并将他们分为两组。

其中一组参与者需要摆出两种高能量姿势中的一种（见图

6-1)。一些人坐在桌子前,双脚放在桌子上,抬起头,双手交叉放在脑后;另一些人则被要求站在桌子后,身体前倾,双手掌心向下按在桌子上。

图 6-1

另一组参与者则要摆出两种非强势姿势中的一种(见图 6-2)。其中一些参与者需要将两脚放在地板上,双手置于膝盖,低头看着地面。另一些人则采取站姿,保持双臂和双腿交叉。

在摆出姿势 1 分钟后,每位参与者需要为自己的"强大"和"主导"属性打分。结果显示,这些姿势对他们的自尊产生了显著影响,那些摆出"高能量姿势"的人的自我评价要比其他人更高。然而,这只是冰山一角。

在此之后,参与者接受了一个快速冒险测试。研究人员给参与者发了 2 美元,他们可以留下这笔钱,也可以通过抛硬币的方式拿这笔钱赌博。如果赢了,这笔钱便翻一倍,让他们拿到 4 美元,如果输了,就只能两手空空地回家。正如"高能量姿势让人

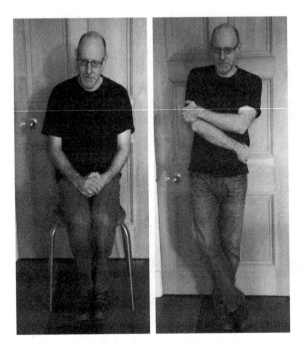

图 6-2

更愿意冒险"的假设,在摆出高能量姿势的参与者中,80% 都选择了冒险一搏,而这个数字在另一组中只有 60%。

在研究的最后一部分,研究人员将注意力转向了参与者血管中流动的化学物质。在摆出实验中姿势的前后,研究人员要求所有参与者嚼几分钟口香糖积累唾液(这种方法和"被动唾液采集法"[①] 一样好用),然后向试管中吐口水。研究人员在对试管里的物质进行分析之后发现,与那些将手放在大腿上坐着的参与者相

[①] 要求受试者通过吸管将唾液注入小瓶中,而避免使用棉签或漱口水,这是许多研究人员在收集唾液样本进行生物测试时的首选。——译者注

比，摆出高能量姿势的参与者睾酮激素水平明显更高，皮质醇水平明显更低。简而言之，仅仅摆出1分钟的姿势，就改变了参与者体内的化学成分。

最后，如果你没有时间摆出高能量姿势，那就试试握紧拳头吧。心理学家托马斯·舒伯特曾让一组男性评估自己的自信程度，然后（假借玩"石头剪刀布"之名）握拳几秒钟，再次进行评估。参与者的身体对大脑产生了影响，仅仅握拳几秒钟，便使他们的自信大幅提高。

自信小妙招

要进行这项练习，需要一支笔、一张纸和两只手。

首先，请用从1（完全不自信）到7（非常自信）的数字给自己的自信程度打分。

然后，浏览下面的形容词列表，选择3个能反映你最好性格和最差性格的词语。

忠诚　亲切　冷漠　雄心勃勃　缺乏动力　隐藏真心

关心他人　冷酷无情　开朗　脾气暴躁　体贴

不为他人着想　有合作精神　不乐于助人　勇敢

粗鲁　优柔寡断　热情　冷淡　灵活　固执

不宽容　专注　节俭　慷慨　感恩　勤奋　懒惰
诚实　虚假　谦逊　傲慢　嫉妒　不成熟　谦虚
乐观　悲观　守时　自信　缺乏安全感　真诚
没有条理　自命不凡　浮夸卖弄

其次，把笔放在你的非惯用手中，慢慢在纸上写下你选择的3个消极的性格特征。

再次，把笔放在你惯用的那只手中，慢慢在纸上写下你选择的3个积极的性格特征。

最后，用从1（完全不自信）到7（非常自信）的数字给自己的自信程度打分。

做完这个练习，你有没有变得更自信呢？

这项练习，由马德里自治大学心理学家巴勃罗·布里诺的实验衍生而来。布里诺告诉参与者，他们要参加一项关于笔迹学的研究，要求他们用惯用手或非惯用手写下自己最好或最差的性格特点。写完之后，所有参与者需要立即对自己的自尊和自信程度进行打分。

实验人员知道，当参与者使用非惯用手时，会看到自己写出的字迹歪歪斜斜，表现得好像对这些单词不太自信。研究人员推测，用非惯用手写下积极特质会使参与者的自尊受到打击，而用非惯用手写下消极特质则会让他们感到更有自信、更加积极。而他们的研究结果，也的确揭示了这一点。

如果想通过一个快速有效的方法来增加信心，这个实验传达的信息非常明确：学会利用字迹的力量吧。

3

人靠衣装是真理

约翰·霍华德·格里芬拥有传奇的一生。他于1920年出生于得克萨斯州，年少时前往欧洲，受训成为一名专门研究格里高利圣咏的音乐学家。第二次世界大战爆发时，他参加了法国抵抗运动，协助将奥地利犹太人偷渡到安全的地方。战争结束后，他回到美国，成为一名调查记者，主要报道生活在南方各州的非裔美国人遭遇的苦难。

然而，格里芬并非仅仅用笔表达种族主义的问题，而是决定进行一项不同寻常的实验，以便亲身体验。格里芬与一位专业皮肤科医生紧密合作，通过人工色素、药物和日光灯治疗让自己的白皮肤变黑。改造完成后，他还剃光了头发。因此在一般人看来，他活脱脱就是个非裔美国人。然后，他通过乘坐公共汽车或搭便车的方式游历了南部几个州，亲身经历了真正的非裔美国人日常面临的仇恨和歧视。

在记录这项实验的畅销书的开篇，格里芬描述了他在改造完成后打量镜中自己的情景，并生动地描述了眼前的景象对他的自我意识产生的影响：

> 我原以为会看到一个乔装的自己，但映入眼帘的却是另一个场景。我被囚禁在一个完全陌生的肉体里，这是一副与我完全不同、丝毫没有亲近感的皮囊……我看着镜子，却看不到任何白人约翰·格里芬过去的影子。不，镜中的影像把我带回了非洲，带回了棚户区和贫民窟，忆起了那些对黑人印记的徒劳抗争……我篡改了生命的奥秘，丧失了对自我的认知。这种感觉将我摧毁得支离破碎。以前的格里芬，已经不见踪影。

通过改变肤色，格里芬感觉自己变了一个人。从小到大，他在镜子里看到的都是一个白人男子。假设肤色是自我认同的重要组成部分，他便会认为自己拥有与外表息息相关的背景和特征。在经历了这场巨大的改造之后，他将自己视为一个非裔美国人，并在无意之间利用这一形象构建出一种新的身份认同感。仅仅几秒钟之内，他就经历了原有自我的崩塌，感受到一个新的身份正在形成。

大多数人不太可能追随格里芬，迈出改变肤色这一步。然而，同样的原理也可用于那些较易改变的东西，比如我们的着装。我们经常根据一个人的穿着做出判断。如果你看到一个男人穿着昂贵的西装，便会自然而然地认为他事业有成且能力出众。

看到同一个人穿土耳其长衫或花衬衫，你可能会认为这是个创意人士。碰到一个脚蹬大鞋、戴着红鼻头、穿着吊环裤的男人，你就知道，是时候逃命了。①

这些认知上的改变，常常会导致我们做出截然不同的行为。例如，来自法国南布列塔尼大学的尼古拉·盖冈就做了这样一个实验，他让穿着便衣或消防员服装的男子在街上向200多名随机挑选的女性搭讪。每当与对方发生目光接触时，男子都会说出事先准备好的台词："你好。我叫安托万。我只想告诉你，我觉得你很美。我今天下午得去上班，不知你能否把电话号码给我。我晚些时候给你打电话，我们可以一起出去喝一杯。"

盖冈仔细分析了愿意给电话号码的女性比例，发现制服发挥了显著的作用。当这些男性穿着便服的时候，只有8%的女性给了自己的号码。然而，当这些男性打扮成消防员上阵时，成功率却达到了22%。

在一项类似的实验中，约翰·马歇尔·汤森让一组男性穿上汉堡王制服或一身时髦的西装拍照。然后，实验人员向女性展示这些人的照片，询问是否愿意与照片中的男士发生性关系。果然人靠衣装，相比于身着汉堡王制服的男性，女性更愿意与穿着西装的男性发生关系。

其他实验显示，即使是一点儿小小的改变，也能发挥巨大的作用。在另一项实验中，一位心理学家装扮成超市调研员，问顾

---

① 在现代西方文化背景中，常将小丑装扮的人当作变态杀人狂。——译者注

客愿不愿意参与一项调查。其中，他一半时间打领带，一半时间不打领带。这个微小的差异产生了巨大的影响，当他打领带时，超过 90% 的人同意参与调查，而他不打领带时，只有 30% 的人选择了同意。

衣着会明显影响我们对别人的看法，以此类推，衣着也会影响我们对自己的看法吗？大多数"性格导致行为"理论的支持者会争辩说，你的自我意识是在一段时间内慢慢形成的，不会被穿件新衬衫或换双鞋这种一时的改变所影响。而相比之下，"装假成真"原理则认为，把自己装扮成某一类型的人，认同感也会随之改变。为了探索哪种理论才正确，康奈尔大学的马克·弗兰克进行了一系列别出心裁的实验。

弗兰克知道，人们倾向于把黑色衣服与专制和好斗的行为联系在一起，他想知道，仅仅穿上黑色衣服，是否会对行为方式产生影响。幸运的是，检验这一假设所需的数据是现成的。弗兰克搜索了美国国家橄榄球联盟的记录，比较了穿黑队服的球队和其他球队的数据。他从中找到了 5 支穿黑色队服的球队，包括洛杉矶突袭者队、匹兹堡钢人队和辛辛那提猛虎队，并开始研究他们在球场上的表现。

在美式橄榄球比赛中，犯规会受到相应的惩罚，犯规球队需后移 5 码[①]、10 码或 15 码。弗兰克计算了每支球队在每场比赛中向后移动的平均码数，发现了一个明显的规律：穿黑色队服的

---

① 1 码 ≈ 0.914 米。——编者注

第六章 用行为塑造全新的自我

球队后移的码数明显多于其他球队，也就是说，这些球队在赛场上的确倾向于采取非常具有攻击性的行为。

初步研究结果让弗兰克大受鼓舞，他继续研究了美国国家冰球联盟的记录，再次将穿黑色队服的球队与其他球队进行比较。在冰球比赛中，不同程度的犯规可能导致球员被罚下场2分钟、5分钟或10分钟的时间。弗兰克发现，穿黑色队服的球员在长凳上待的时间明显更长。

由于匹兹堡企鹅队和温哥华加人队将队服从其他颜色换成了黑色，因此，弗兰克便利用冰球比赛的数据对自己的假设进行了一次尤为巧妙的测试。果然，"穿黑衣服使人变得更有攻击性"的效应被展现得淋漓尽致。在将队服换成黑色之前，两队的球员都很少坐上长凳。而更换队服之后，两队的球员却成了长凳上的"常客"。

进行到此，大多数研究人员或许会就此收手。但是，弗兰克知道其他研究人员会对他的想法提出质疑。他们可能会争辩说，是黑色的队服吸引了好斗的球员。想要解决这个问题，唯一的办法就是进行实验。他召集了一群自愿的参与者，将他们随机分为两组。其中一组穿黑色衣服，另一组穿白色衣服。然后，两组参与者都进一步被分成几个小组，并参与到各种游戏中。随后，实验人员向参与者提供了一份游戏列表，问他们喜欢玩哪些游戏。参与者有所不知的是，这些游戏具有各自不同的攻击性，如"飞镖枪决斗"等一部分游戏非常具有攻击性，而"推杆比赛"等其他游戏则平和得多。相比于穿白色衣服的参与者，穿黑色衣服的参与者选择了更具攻击性的游戏。

其他研究显示，着装的效应远不单牵扯到黑白两色。

在另一项研究中，阿肯色州立大学的罗伯特·约翰逊召集了一组参与者，解释说他们将有机会对另一个人实施电击。实验人员表示，在实施电击之前，每位参与者都要拍照，但要确保拍照时遮住身上的衣服。那么，该如何隐藏自己的衣服呢？"贴心"的实验人员带来了两种服装。其中一半的参与者拿到了类似三K党服装的长袍[①]，实验人员会喃喃地解释："我不太擅长做衣服，这件看起来还真有点儿三K党的范儿。"相比之下，其他参与者拿到了类似护士服的衣服（"真巧，医院康复室借给我这些护士服，让我在实验里用用"）。

进入第二阶段，实验人员告诉参与者，隔壁房间里有一个人正在学习一组单词，并要求参与者在对方犯错时进行电击。事实上，隔壁房间的人是实验的托儿，电击设施完全是假的。参与者听到隔壁房间的人犯错时，可以选择增加或降低所谓电击的强度。相比于穿着护士服的参与者，穿着类似三K党服装的参与者施加了更强的电击。这个结果，与"装假成真"原理的预测完全一致。

同样的效应也发生在实验室之外。1969年，加州门洛帕克的警察想要试着改善与当地民众的关系，他们脱掉了海军蓝色准军事风格的制服，走一种更亲民的路线。警察们换上森林绿色的运动外套、黑色休闲裤和白色衬衫，打上黑色领带，并把武器藏在外套下面。消息很快传开，美国各地400多个警察局也开始尝试换上同

[①] 三K党为奉行白人至上主义的种族主义组织，服装大多为白色长袍。——译者注

样的非正式制服。实验进行了 18 个月后,研究人员让这些警察进行各种测试,结果显示,少了象征权威的制服和武器,他们逐渐接受了"公众服务者"这一警察的新角色。与这种新的身份认同相对应,相比于穿着更正式服装的同事,这些警察表现出的独裁特征更少。在同一时期,警察对平民造成的伤害下降了 50%。

  实验传达的信息很明确:你的穿衣方式会直接影响你对自己的看法:穿上一件黑衬衫,你就会变得专制而咄咄逼人;穿上较为舒服的衣服,你就会变得更加宽容和乐于付出。多年来,心理学家一直敦促求职者在重要面试前将自己打扮得衣冠楚楚,相信这种利落的服装会给面试官留下积极的影响,而"装假成真"原理表明,这样的着装也会对应聘者产生重大甚至更为深远的影响。穿上一套利落的衣服,应聘者便会认为自己是一个更成功的人,进而也会表现得更好。"人靠衣装"这话果然不假,无论男人、女人还是孩子,全都离不开衣着的陪衬。

跳出思维定式

  想要立刻变得更有创意吗?那就试试这个由两部分组成的实验吧。

  首先,请想出一支铅笔的用途,越多越好。例如,你可以把铅笔作为魔杖或暗榫。但在写下想法之前，请用 60 秒的时间在房间里走一圈，务必确保路径形成一个矩形或方框（也就是沿着直线走，并按直角转弯）。

在接下来的 60 秒，请在下面的横线上写下这支铅笔的其他用途：

_____

_____

_____

在实验的第二部分，请尽可能多地想出一张纸的用途。例如，你可以把纸折叠起来，用作帽子或门挡。在写下想法之前，请花 60 秒的时间在房间里走一圈，这次要确保路径比上次更加蜿蜒多变（也就是避免走直线，而是随心走出你喜欢的任何形状）。

在接下来的 60 秒中，请在下面的横线上写下这张纸的其他用途：

_____

_____

_____

新加坡管理大学的安吉拉·梁和同事进行的研究表明，行为会直接影响创意水平。在一项实验中，研究人员让一些参与者坐在一只大约 1.5 米见方的盒子里，而另一些参与者坐在盒子外。

第六章 用行为塑造全新的自我

在另一项研究中，一些参与者需要在房间里走直线，而另一些参与者则沿着更为随机、弯曲的路线行走。完成任务之后，所有参与者都要执行各种创造性的任务。那些跳出盒子的条条框框以及沿着更加随机路线行走的参与者，取得了更高的创意分。也就是说，用创意十足的方式行动，会对参与者的思维方式产生直接的影响。

根据这些理论，你为纸张找到的用途应该比铅笔更多。想要自由迸发创意灵感吗？你需要的不是昂贵的横向思维课程，而是一次路线多变而蜿蜒的长途漫步。

如果想要进一步刺激创意，那就表现出创意十足的样子。撕一张空白纸，花点时间思考如何把这张纸打造成一件艺术品。在决定最终行动方案之前，不妨浏览下面的列表，看看这些选项是否合你心意。

想要用创意十足的方法利用这张纸，你可以……

- 把纸裁成天际线或人物剪影
- 把纸折成一只盒子或制作模型
- 在纸上随意涂鸦，然后把涂鸦拓展成一幅画
- 把纸捏成团，做成雕塑
- 为这本书添加一个弹出式的立体纸艺
- 通过剪纸打造出有趣的阴影
- 在纸上临摹名画或著名的艺术品
- 制作一张励志海报

正能量

- 动手将其折成青蛙、鸟、纸飞机或天鹅等形象
- 用折痕制成图画
- 折叠纸张,撕下多余部分,制成雪花手工
- 折叠纸张,撕下多余部分,制成一串人形
- 制成一本手翻书
- 通过压褶,做成一台纸质手风琴
- 把纸撕成碎片,重新排列成一件艺术品
- 用纸来制作一件衣服或珠宝(如帽子、戒指或徽章)
- 用纸拓印物体
- 制作属于你自己的魔法王国纸币
- 制作一张"正能量"书签
- 在上面戳两个洞,当面具戴

4

人性中的善良天使与邪恶魔鬼

根据法律规定,任何社会心理学史书籍的合同都必须包含第4.6.8.3.2条款。这一条款明确规定,作者有在书中某处介绍津巴多监狱实验的法律义务。鉴于这一条款,许多作者都被迫把这项研究加在书中,通常先用骇人的笔触描写一段米尔格拉姆臭名昭著的电击实验,后面再铺垫一段"平庸之恶"的段落来收尾。幸运的是,我不必为类似的问题烦恼,因为在"装假成真"原理和身份认同之间的奇妙关系中,津巴多的经典实验发挥了不可或缺的作用。

在大萧条时期,菲利普·津巴多出生在纽约南布朗克斯区贫民窟的一个赤贫家庭。他痴迷于环境对人类行为的影响,因此在整个20世纪60年代致力钻研心理学,最终跻身成为斯坦福大学的教职人员,并在那里完成了这场现在已声名狼藉的实验。

在开始进行研究之前,津巴多将斯坦福大学心理学系的地下室改造成了一个模拟监狱。他用钢筋代替房门,把几间较小的房屋改造成了监狱。其他区域则被改造成狱警的生活区和监狱的"院子"。除此之外，模拟监狱还装有几面双向镜和几台隐藏摄像头，方便实验人员观察和记录参与者的行为。

随后，津巴多在当地报纸上刊登了一则广告，招募男性参加为期两个星期的监狱生活研究。每位申请人都填写了一份详细的文件，以反映他们的背景、心理健康状况以及犯罪前科。津巴多对这些人的回复进行了仔细的审查，并邀请24名心理状况最为稳定且最不易表现出反社会行为的男士参与实验。他随机安排其中一半男性扮演"囚犯"的角色，另一半则扮演"警卫"角色。而监狱长这一角色，则由津巴多主动请缨（他在事后表示，这个选择是"一次严重的判断失误"。）

实验开始之前，斯坦福大学校园里发生了几起警察和反战抗议者之间的暴力冲突，津巴多得知，当地的警察局长迫切需要改善与这所大学的关系。津巴多问警察局长，能不能派出一批警察，协助他们完成实验的最初阶段，警察局长表示同意。实验第一天的早上，9名"囚犯"在自家毫无预警地被帕洛阿托市警察局逮捕。他们被指控涉嫌入室盗窃或持械抢劫，并被铐上手铐送往当地警局。随后，警察对这些囚犯进行搜身，并采集指纹，蒙住眼睛，带往津巴多的模拟监狱。

与此同时，扮演"狱警"角色的志愿者则穿上卡其色的制服，领到了口哨、反光太阳镜和木制警棍。实验要求他们以3人轮班的方式看守监狱，每班工作8小时。

囚犯们的生活没有什么乐趣可言。狱警给每个到达监狱的囚犯发了一个身份号码，进行脱衣搜身，收走衣物，然后给他们穿上一件不合身的罩衫。囚犯不许穿任何内衣，一只脚踝上还得拴上链子。他们一天24小时都得待在监狱里，每天只能吃三顿寡淡的饭菜，每24小时只能上三次厕所。

狱警们很快就开始表现出与角色一致的行为。他们经常以高度专制的姿态待人，用囚犯的号码代替名字，并口头威胁要采取暴力。如果囚犯拒绝服从，狱警就会反复强迫他们背诵自己的号码，不允许他们上厕所，并把被褥从监狱里拿走。在实验的第二天，一部分囚犯决定发动一场暴动，他们封锁了自己监狱的门，并扯下身份号码牌。作为回应，狱警用灭火器对囚犯进行攻击（讽刺的是，灭火器是斯坦福大学伦理委员会坚持配备的，目的是保护囚犯的安全），并通过剥光衣服、实施单独监禁和强迫做俯卧撑等形式，对那些参与反抗的人加以处罚。

在这项研究进行期间，克里斯蒂娜·马斯拉奇在斯坦福大学攻读心理学研究生学位，与津巴多是男女朋友关系。马斯拉奇对男友实验的进展感到好奇，于是参观了监狱，并与一名不当班的狱警简单聊了几句。这位狱警给她留下了友善可亲的印象。过了一会儿，一名实验人员问马斯拉奇，想不想看看狱警在工作中的状态。他们解释说，有一位狱警对待囚犯的手法残暴，他们给他取了"约翰·韦恩"[1]的绰号。马斯拉奇惊奇地发现，这位"约翰·韦恩"就是她之前遇到的那位友善的狱警。在监狱环境之外，

---

[1] 美国影视男演员，曾多次出演硬汉形象。——译者注

这位狱警似乎是个友善平和的人。而一到模拟监狱中，他便像完全变了个人一样，对囚犯大喊大叫、粗蛮相待。

参观完模拟监狱后，马斯拉奇与津巴多进行了激烈的争论。她认为形势已经失控，应该加以制止。而平日里温和体贴的津巴多，却换了一副模样，执意要将实验继续下去。马斯拉奇惊呆了，她意识到，津巴多已经接受了监狱长的角色，无法置身于实验之外，而是完全陷了进去。随着争论的继续，津巴多猛然意识到事态的严重性，决定叫停实验。就这样，这场最初计划进行两个星期的实验，只进行了 6 天就戛然而止了。

津巴多实验的一个重点，是要探索参与者扮演囚犯或警卫的行为是否会对其身份认同产生影响。效果不仅很快显现出来，而且非常明显。实验结束后，一位扮演狱警的参与者表示：

> 我本以为自己是做不出这种事的。发现自己竟能做出之前想都不敢想的行为，我的心都凉了。施加这些行为的时候，我竟然没有感到一丝遗憾或内疚。直到后来开始反思自己的所作所为时，我才恍然大悟，这竟然是我之前从未真正注意到的自我的一面。

同样，那些扮演囚犯角色的参与者的身份认同也有所改变，他们中的大多数人变得极其被动，比之前顺从得多。这些急剧的变化往往会对"囚犯"产生极其负面的影响。其中，作为"8612号囚犯"的道格·科皮的情绪反应最为极端，并在实验第二天时被放走（科皮对自己在实验中的表现非常好奇，之后学习了审判心理学①，并在加州监狱供职）。几天后，另外4名囚犯也因表现出焦虑、抑郁和愤怒而提前退出。

津巴多的经典研究表明了"装假成真"原理的威力。每个人独特的身份认知，都是名字、衣着和外表等因素构成的。在监狱研究中，所有这些因素都被剥夺，导致人们丧失自己的身份认同，转而对分配到的角色产生认同。

通过穿上囚犯或狱警的服装和表现出囚犯或狱警的行为，参与者开始以与角色一致的方式进行思考。其中一组很快就变得咄咄逼人、耀武扬威，而另一组则变得消极被动、逆来顺受。

津巴多的实验在模拟监狱中进行，并通过"装假成真"原理营造出攻击性和焦虑感。而其他研究表明，这一原理同样可以在日常生活中运用于身份认同的方方面面。例如，在一项研究中，研究人员对一组女性的生活进行了数年跟踪调查，发现在工作中承担额外责任的女性性格更加果断自信。而另一项研究则发现，分配到难度较大工作的员工会变得更加灵活和自信。在我们的性格中，有很大一部分是不固定的。相反，人们常会接受自己和他人所分配的角色，表现出相应的行为，然后发展出与角色匹配的身份。

另有一些心理学家通过对这种效应的探索，找到了让生活变得更加美好的诀窍。这一点，或许对我们最有启发。

---

① 亦称法庭心理学，是法律心理学的一个分支，指专业人士将心理学相关工具、研究和思想应用于法律情境中。——译者注

扮演全新的自己

1905年，乔治·凯利在堪萨斯州的一个农场出生。高中毕业后，他获得物理专业的学位，搬到明尼苏达州，教授公众演讲。之后，他放弃了公众演讲教育事业，进入艾奥瓦州立大学学习，最终获得心理学博士学位。凯利认识到大萧条时期农民家庭面临的困境，于是决定带着自己的心理学知识上路，成为一名四处游历的心理治疗师。

起初，他采用弗洛伊德的方法，让农民们躺在他的沙发上描述自己的梦想。然而他很快发现，弗洛伊德的理论对务实的农民来说太过晦涩，因此便着手开发更实际的方法，为农民排忧解难。

凯利发明的第一种方法被称为"镜像疗法"。这种治疗方法鼓励人们用30分钟的时间坐在镜子前，看着自己的影像，并进行思考。

他们喜不喜欢眼前的这个人？镜中人和他们想成为的人有什么不同？他们从自己的脸上看到了什么别人没有注意到的东西？

尽管很多人都很享受这种与自己对视的体验，但凯利并不认为这种沉思的方法非常有效，于是，他决定利用教授公众演讲的经验，鼓励人们换种视角审视世界。

丰富的治疗经验使他相信，人们的性格不是固定不变的，就如演员在职业生涯中扮演各种各样的角色一样，人们也可以在一生中改变自己的身份。此外，凯利还确信，人们看待自己的方式往往是问题的根源,因此有效的治疗也需要帮助患者建立一个更加健全的身份认同。他将这种方法命名为"固定角色疗法",随着时间的推移,他开发了一系列让人们接受新身份的有效方法。

固定角色疗法的第一阶段通常包括各种练习,旨在帮助人们理解当前对自己的看法。其中最受欢迎的一项练习,是将自己与其他几个认识的人进行对比,以明确自己对人进行分类的核心心理维度。另一项练习,则要求参与者以他人的视角写一篇关于自己的简短描述(见259页)。

根据以上练习所得的结果,你可以为自己设计一个新的身份。你或许需要彻底改变自己的个性,或者只需在一些小的方面稍做调整。然后,花点儿时间思考这个"全新的你"会如何应对日常生活中的各种情况,你也可以通过一些角色扮演,巩固这些新的行为模式。

在练习的下一部分,你要在大约两个星期的时间里"扮演"新角色。凯利的研究揭示了一些奇怪的现象。在几星期时间里用新方式行事之后,许多人都开始忘记他们是在扮演一个角色,并开始形成一个全新的身份。凯利的许多咨客都表示,这个新角色似乎一直都是他们真实自我的一部分,只是直到现在才被意识到。

就像"装假成真"原理预测的那样,表现出想要成为的人的做派,我们便能创造出一种全新的身份认同。

同样的原理也可以用来鼓励人们用别人的视角看世界,有助于大家团结一心。例如,在一项研究中,一组学生需要表现出前不久遭遇了一次交通事故的样子，瘫痪在轮椅中。学生们花了25分钟的时间，坐在轮椅上沿着指定的路线前进，搭乘几部电梯，经过几个坡道并穿过几道门。另一组学生则跟在轮椅后面，目睹着眼前发生的一切。然后，两组都被询问对于残障人士的态度，包括是否该用公共资金新修一家康复中心等。两组的态度出现了显著的差异，那些一度坐上轮椅的学生对残疾人表现出更大的同情心。同样的原理也常被用于一种被称为"心理剧"的治疗方式，这种方式会让患者选择不同的角色，有时甚至扮演朋友和同事，从而通过几个截然不同的视角看待自己的生活。

凯利的研究已让世界各地的千百万人重新获得了更新且更好的身份。而新科技的诞生，也将这一理念推上了前人无法想象的高度。

探索内心真正的自我

第一部分

想知道你是如何看待自己和其他人的吗？以下两个练习是基于乔治·凯利的研究设计出来的，能让你深入地了解自己对当下性格的看法。

练习一：你的个人构念[①]

这是一个包含4步的练习，一般需要大约20分钟完成，旨在帮你洞察用来审视自己和他人的核心心理维度。

第一步 想出5个你非常熟悉的人，可以是你的母亲、父亲、最亲密的朋友、老板、伴侣、同事或旧情人。把这些人的名字写在下面的横线上。

第一个人：_____

第二个人：_____

第三个人：_____

第四个人：_____

第五个人：_____

第二步 现在来看下表的第一行。标着"第一个人"和"第二个人"的两列画了很多"×"。想想第一和第二个人与你性格不同的地方。例如，或许第一和第二个人都很外向，而你却很害羞。抑或，这两个人都有点儿吝啬，而你却很大方？在"两人共同点"一栏中写下第1和第2个人的相似之处，并在"我"那一列写一个相反的性格（即你的一个性格特征）。

[①] 由美国心理学家乔治·亚历山大·凯利在20世纪中期提出的认知人格理论。个人构念理论认为，人们会对世界运行的原理形成个人构念，并将这些构念作为理解自己观察和体验的框架。——译者注

第一个人	第二个人	第三个人	第四个人	第五个人	两人的共同点	我
×	×					
	×	×				
		×	×			
			×	×		
×		×				
		×		×		
		×			×	
×				×		
	×				×	

第三步 继续看下一行，重复同样的过程。同样，想一想第二个人和第三个人之间什么相似之处，以及这两个人和你有什么不同之处。继续往下进行，尽量每次都想出不同的性格特点。

第四步 看看"我"这一列中列出的性格特征，试着找出一些共性。诸如"焦虑"和"放松"这样的词是否经常出现？抑或是"外向"和"害羞"这两个词？这些，就是你看待自己和他人的核心心理构念。

以下是一个范例。

第一个人：约翰

第二个人：凯蒂

第三个人：珍妮

第四个人：戴维

第五个人：埃丽卡

第六章　用行为塑造全新的自我

第一个人	第二个人	第三个人	第四个人	第五个人	两人的共同点	我
×	×				关心细节	宏观思考
	×	×			很有艺术家风范	更加务实
		×	×		心态焦虑	心态放松
			×	×	悲观	乐观
×		×			缺乏计划	井井有条
	×		×		有责任心	不太可靠
		×		×	待人友善	严肃冷漠
×			×		害羞	外向
	×			×	神经敏感	心态放松

练习二：描述自己

用大概 20 分钟的时间写一条简短的自我介绍。请使用第三人称，可以以某位亲密的朋友或同事的视角来写。

第二部分

以下几个步骤，旨在帮助你创造和接受身份中的新维度。

第一步　看看你在练习一中对自己性格的构念。你认为这些构念是消极的或有问题的吗？再来看一看你在练习二中的自我描述，其中是否暗示了一些你想要改变的性格特点？比如说，你可能认为自己不是很自信，不善于交朋友，太过咄咄逼人，或者好像有点儿自私。

259

第二步 把这些信息作为塑造全新自我的基础。如果不知该从哪里入手，或许可以看看欣赏的朋友、同事、榜样甚至书籍、电影和戏剧中的虚构角色，从中吸取一些灵感。或者，你也可以读一读下表中列出的优秀性格特征，从中挑选一个或几个特别吸引你的选项。

优秀性格	简要描述
创造力	善于想出别出心裁的方法做事
好奇心	乐于探索和发现
思想开放	愿意从多个角度分析问题
勇敢	不逃避威胁或挑战
坚持	即便遇到困难也不放弃
活力	带着满腔热情和活力面对生活
爱心	能与别人建立起密切的联系
善良	乐善好施
公民意识	有团队意识，能为身边的人提供支持
领导力	有责任心，勇往直前
宽容	能够原谅犯错的人
谦卑	不炫耀自己的成就
谨慎节制	善于自我控制，不过分冲动
感恩	对生活中美好的事物心存感激
希望	期待美好事情的发生，愿意为之付出努力
幽默	看到生活中有趣的一面，拥有轻松愉悦的心态

接下来，写一篇关于"全新的自己"的简短描述，着重描

写全新的你如何用不同的方式面对日常生活中的情况。例如，我们假设你容易动怒，经常跟朋友和同事发生争吵。而"全新的你"可能放松得多，相处起来非常愉快。这样说来，你的言行举止是怎样的？你会和别人说笑吗？你会询问别人的想法和意见并虚心接受，而不是由此引出争端吗？你会留心给予别人赞誉和鼓励吗？

或者说，有人批评你过于吝啬，而你决定改变性格中的这一面。那么，"全新的你"会为慈善事业做贡献吗？会慷慨地赠予他人礼物吗？会不遗余力地为身边的人提供帮助吗？

抑或，假如你想变得更加自信。那么，你有没有一个非常自信的朋友或同事，可以为全新的你树立榜样？在你不知如何面对的情况下，你的朋友会如何表现？遇到类似的情况，你能不能装成你朋友的样子呢？

第三步　用大约两个星期的时间扮演这个新角色。专注于改变你的行为，而不是试图扭转思维方式。为了推动进程，你也可以找一位亲密的朋友或家人，和"全新的你"模拟一些常见的情景。此外，与其觉得自己是在经历永久性的变化，不如想象原来的性格只是在享受两星期的假期，这样一来，你就更容易表现出不同了。但有一点需要注意，你必须一天24小时扮演这个新角色，即便是在一人独处的时候。"装假成真"原理会让你感觉自己仿佛变了一个人，这样一来，"全新的你"很快就会融为真实身份的一部分。

普罗透斯效应

杰里米·贝伦森是斯坦福大学虚拟人机互动实验室的负责人。他工作的主要部分，包括创建计算机生成的人类形象（称为"化身"），并让这些化身在虚拟世界中行动。贝伦森在偶然的机会中接触到"装假成真"原理，并想知道这一原理是否也适用于他所创造的想象世界。例如，在电脑游戏中化身为高个子角色的人，在现实生活中也会感觉更自信吗？或者，那些化身为黑衣角色的人，会不会变得更有攻击性呢？

这其中牵扯的可能性似乎无穷无尽，但首先，贝伦森必须探索这一原理是否适用于虚拟世界。他将目光转向《魔兽世界》这一风靡全球的电脑游戏，以求寻找答案。

《魔兽世界》是一款人气超高的在线奇幻游戏，吸引了全球数百万的玩家在虚拟疆域相互对抗。在游戏中，玩家要参与到"史诗攻城"和"一系列传奇体验"中，不断升级。在开始游戏之前，玩家必须创建自己的角色。这些虚拟身份基于几个不同的"种族"（包括地精、暗夜精灵、兽人、巨魔和人类），每个种族都有预先设定的身高（比如地精较矮，而巨魔要高得多）。

杰里米·贝伦森和同事尼克·余明白，高个子的人在现实生活中要比矮个子的人更自信，他们想知道，魔兽世界中的虚拟角色是否也会有同样的表现。为了寻找答案，他们对超过 76 000 名玩家的数据进行研究，观察每个玩家角色的身高与他们在游戏中表现的联系。结果显示，虚拟世界和现实世界的规律相同，扮演身材高大角色（如巨魔和兽人）玩家的表现，要优于那些扮演较矮角色（如矮人或地精）的玩家。这些研究结果含有两层重大的意义。首先，研究结果让我们看到"装假成真"原理在虚拟世界也能发挥作用。其次，从一个更实际的角度来看，如果想在《魔兽世界》中占有优势，就请选择巨魔，别选地精。

这次的研究结果让贝伦森和尼克非常兴奋，但他们也意识到，这项研究存在两个问题。提出异议的人可能会说，能力较强且更加果断自信的玩家在一开始就会选择高大的角色。除此之外，尽管角色的身高影响了玩家在虚拟世界中的表现，却不一定会在现实生活中对他们造成影响。于是，他们便在第二次实验里着重解决这两个问题。

在这次的研究中，一组学生需要戴上虚拟现实眼镜，在电脑屏幕上看到自己的虚拟形象。为了让场景尽可能逼真，研究团队要在学生的脸上、胳膊和腿上安装高科技传感器，确保虚拟形象模仿真人的动作。如果学生看向左边，他们的角色也会看向左边。如果学生开始慢跑，他们的角色也会跟着慢跑。由于真人实际动作和虚拟自我之间的高度匹配，学生们很快就把自己视为屏幕上的角色。

实验开始时，研究人员随机给每个参与者分配了一个或高或矮的角色。学生们在虚拟世界里玩了一段时间之后，便摘下耳机回到现实世界，与另一位参与者一起玩一个名为"最后通牒"的游戏。

在这个游戏中，一个玩家只有一次机会提出两人分配100美元的方案。如果第二个玩家接受提议，那么就按提议分配 100 美元。然而，如果第二个玩家拒绝了提议，那么两个玩家都要空手而归。多年以来，世界各地大学的心理学系一直在使用这种测试，第一个玩家开出的条件，可以很好地体现他们的自信心和攻击性。

根据"装假成真"原理的预测，相比于分配到矮小角色的玩家，分配到高大角色的玩家开出的条件更加强势。然而，二者表现出的差异绝非一星半点。平均来看，那些分配到高大角色的玩家提出六四分，而分配到矮小角色的玩家提出五五分。不仅如此，那些分配到高大角色的玩家在接受或拒绝对方提议时也更自信。在扮演高大角色的玩家中，大约有 60% 的人拒绝了 75/25 的提议，而在分配到矮小角色的参与者中，这一比例仅为 30%。

贝伦森和尼克的成果促使类似研究如雨后春笋般展开。在一项研究中，一组参与者看到自己的角色在跑步机上奔跑，另一组参与者则看到角色惬意闲晃。当研究人员对参与者进行长期跟踪时，发现在虚拟世界中扮演跑步角色的人在现实中锻炼的概率大得多。另一项实验发现，在实验之后，选到较为年长角色的参与者更愿意将更多的钱存入养老基金账户。

研究一次又一次证明，"装假成真"原理的确适用于虚拟世界。角色的样貌和行为，能够影响人们在现实世界中的想法和行为。希腊神话中有一位叫作普罗透斯的神灵，可以随意改变自己的形象和身份，于是，贝伦森将这种现象称为"普罗透斯效应"。普罗透斯效应将"装假成真"原理带入了新的疆域，在这里，只要敢想，一切皆有可能。

5

相信的力量让你更年轻

心理学家埃伦·兰格出生于纽约布朗克斯，大学时在纽约大学学习化学。兰格意识到，埋首实验室试管中的生活并不适合她，于是她报名参加了菲利普·津巴多教授的心理学入门课，并产生了极大的兴趣。后来，兰格成了哈佛大学的终身教授，以解开衰老之谜作为其研究工作的重点。

在职业生涯中，兰格组织了诸多备受瞩目的研究。在一项经典实验中，她给养老院的一些老人每人送了一株室内植物，并让他们自己照看，另一些老人虽然也得到了相同的植物，却被告知由工作人员负责照看。6个月后，相比第一组老人，第二组中那些连生命中最后一点儿控制权都被剥夺的老人更加不快乐、不健康且不活跃。更令人痛心的是，在不必自己照看植物的老人中，有30%的人已经去世；而在那些可以行使一些控制权的老人中，死亡率只有15%。

在一项类似的研究中，兰格鼓励老年人表现出思维活跃的样子,以研究其效果。实验期间,研究人员每星期都会拜访一组老人,向他们提出各种各样的问题,比如护士的名字以及养老院会在哪天举办什么活动。如果老人无法给出准确答案,实验人员便会鼓励他们在下次见面之前找到答案。这种方法的效果非常显著。与没有受到这些挑战的对照组相比,被要求回答简单问题的老人不仅表现出了更好的短期记忆,而且反应更加灵敏。两年半后,研究人员再次回访养老院,发现受到挑战的组别死亡率只有7%,而对照组的死亡率却接近30%。

然而,兰格最引人注目的研究,或许是利用"装假成真"原理帮助人们回到过去。1979年,兰格招募了一群七八十岁的老年男性,在波士顿郊外的一个静修地举行了一场所谓的"怀旧周"活动。在研究开始前,兰格要求所有老人参加一系列测试,衡量他们的体力、体态、视力和记忆力。

然后,她将这些老人随机分为两组。她告诉其中一组(即"时间穿越者"),这项实验旨在研究用心重温过去对心态产生的影响;却对第二组说,实验只是为了研究怀旧的影响。兰格决定尝试将时间倒回20年前,因此,她鼓励参与者用心重温或单纯回忆1959年的生活。

接下来,兰格安排了一辆大巴车,把"倒转时光"的一组老人送到一个面积约0.04平方千米的乡村度假地。为了帮助他们调整情绪,兰格在整个旅途中播放了1959年的广播节目。在整个实验中,她都尽力鼓励参与者们表现出年轻20岁的样子。例如,当这组"时间穿越者"到达静修地时,没有人搀扶他们下车，他们必须自己把行李箱提进房去。此外，静修地也没有配备老人们家中的栏杆把手等辅助设备。

参与者事先提供了自己于1959年拍摄的照片，走进自己的卧室时，参与者一眼就看到了这些照片。映入眼帘的，还有1959年的《生活》杂志和《星期六晚邮报》。

收拾完行李后，所有人聚集在静修地的大厅。大厅里摆满了来自20年前的各式物件，包括一台黑白电视机和一台老式收音机。兰格在这里告诉参与者，在接下来的几天，他们必须用现在时进行所有关于过去的谈话，而且谈话内容不得涉及1959年之后发生的任何事。

每一天，参与者都要参加各种精心安排的活动和讨论。例如，他们需要用现在时写一篇截至1959年的自传短文；到临时搭建的电影院观看詹姆斯·史都华主演的《桃色血案》；参加关于美国发射第一颗人造卫星的讨论；用20年前的老价格玩"价格竞猜"等游戏；收听艾森豪威尔总统的演讲；或是围坐在收音机旁，聆听"皇家轨道"获得1959年普利克内斯赛马锦标赛冠军的消息。

而实验对照组老人的生活则截然不同。他们在车上听的是当代音乐，被要求用过去时追述1959年的往事，屋中摆放着自己近期的照片，观看的也是当代的电影。

短短几天之内，兰格就看到了"装假成真"原理所产生的显著效果。"时间穿越者们"走路更快，也变得更加自信。此外，在一个星期之内，这些参与者中便有几个人甩掉了拐杖。在整个实验过程中，兰格进行了各种心理和生理测量，发现时间穿越组在灵活性、移动速度、记忆力、血压、视力和听力方面都有所改善。有趣的是，在时间穿越组中，超过60%的人都在智力测试中表现出了进步，而在对照组中只有40%。表现出年轻的样子，能够让这些老人们在生理和心理上都焕发光彩，重返年轻的状态。

为了研究兰格的原始研究成果是否可以复制，不久前，英国广播公司复制了她的实验。节目邀请了6位英国名人，他们同意试着让时光倒流，回到他们在20世纪70年代的黄金岁月。英国广播公司找到了这些名人在那个年代的卧室照片，并极尽细致地重建卧室，还不忘添上迷幻的壁纸和旋涡图案的地毯。在一个星期的时间里，每位名人都得以重温他们生活中的重要时刻。例如，舞者莱昂内尔·布莱尔重返伦敦守护神剧院的舞台，编排了一段舞蹈。

在短短的一两天内，许多名人的记忆力、体力、精力和情绪都有所改善。88岁的女演员丽兹·史密斯曾因三次中风而失去了行走能力，但很快就能甩开拐杖走路了。实验之前，板球裁判迪基·伯德长期以来一直孤独度日，但几天过后，他就成了社交场上的风云人物。针对参与者生理年龄的测试结果表明，其中两个人的大脑比实际年龄年轻了20岁。从整体而言，这组参与者的记忆力和智力都得到了显著提高。

这些实验让我们看到，表现出年轻的样子，可以削弱衰老带来的影响。而证明这种效应的实验，远远不止于此。

在另一次实验中，兰格让参与者扮演空军飞行员，并测量了这种方法对其视力产生的影响。19名空军学员接受了视力测试，然后被随机分为两组。教练邀请其中一组学员进入飞行模拟器，尝试驾驶飞机。另一组学员也按要求坐上了飞行员的座位，却被告知模拟器出了故障。在此之后，所有参与者都需读出通过驾驶舱窗户看到的飞机侧面的字母。那些表现出战斗机飞行员架势的学员视力提高了40%，而另一组学员的视力却没有任何变化。

还有一项实验研究了和孩子在一起是否真的会让人保持青春。在一项研究中，兰格调查了晚育女性和早育女性的预期寿命。你可能认为，年过不惑时跟着小孩子疯跑不是什么好主意，但你错了。实际上，晚育女性的预期寿命要明显长于其他人。按照这一规律，兰格在婚姻登记表中找出年龄相差超过4岁的夫妻。她假设，年轻一方可能会表现得比实际年龄成熟，而年长一方则表现得比实际年龄年轻。这对夫妻的预期寿命产生了显著的影响，其中，年轻一方的寿命要比年长一方短得多。

除此之外，本书中不止一次提到跳舞的作用不可小觑。1980年至2001年间，纽约市艾伯特·爱因斯坦医学院的研究人员对500多名参与者进行了跟踪调查。实验一开始，所有参与者都要说明他们参与了多少刺激大脑的活动（如阅读、兴趣写作、玩填字游戏、玩棋盘游戏、参与讨论和演奏乐器），或是参与了多少刺激身体的活动（如打网球、打高尔夫球、游泳、骑自行车、跳舞、散步、爬山和做家务）。在其中的500名参与者超过75岁时，研究人员对他们罹患老年痴呆症的概率进行了统计。在那些爱读书的参与者中，患痴呆症的风险降低了35%，每星期至少做4天填字游戏的参与者的患病风险则降低了47%。有趣的是，包括骑自行车和游泳在内的几乎所有体育活动，都没有起到任何作用，除了跳舞。在参与者中，经常跳舞的人患痴呆症的概率下降了76%。经常跳舞的参与者们表现出了年轻人的姿态，久而久之，衰老的影响也得以削弱。

正如剧作家萧伯纳所说："我们并非因为年老而停止玩乐，而是因为停止玩乐才会变老。"

延缓衰老的秘密

根据埃伦·兰格的研究，我在这里给大家总结了5条建议，帮助大家减缓衰老的影响。

- **掌控生活**：不要把年老与无法自理和依赖他人联系在一起。相反，尝试掌控生活的方方面面。兰格的研究表明，即使最小的掌控感也能产生巨大的影响。试着自己去买东西，照料室内盆栽，打理花园，养宠物，管理自己的财务，独自出去散散心。
- **精神活跃**：关于所谓的"大脑训练"能否影响你的精神健康，坊间存在很多争论。然而，表现出对周围世界感兴趣的样子是有好处的。紧跟世界新闻，了解你所在地区发生的时事，开始写博客，设定目标，充满好奇心，保持爱好和兴趣，与朋友和家人保持联系。
- **心态年轻**：兰格的研究表明，花时间和孩子以及比自己年轻的人共处，有助于保持年轻的状态。在生活中腾出时间来，与孙子孙女、年轻的朋友和邻居多多相处吧。
- **积极活动**：像年轻人一样活动。尽可能地保持身体活跃，坚持参与体育运动，让脚步轻盈起来。不要忘了，目前为止的研究发现，最有助于心理健康的活动是跳舞。
- **用心打扮**：外表会影响我们的心情。在一项研究中，兰格测量了女性染发前后的血压，发现认为自己在染发后看起来更年轻的女性血压明显降低。因此，请精心打扮，穿得年轻点儿，让自己看上去年轻一些。

结　语

装假成真，成为你想成为的任何人

在这一章，我将对我的女友实施催眠，探索人类的左右半脑都有什么差异，教你学会让行为瞬间改变大脑，从而充满正能量的秘诀。

我们所看到的一切现象都表明，手术后，这些患者拥有两种彼此分离的思想，也就是两个独立的意识领域。

——罗杰·斯佩里，神经科学家

本书的这段旅程，揭示了关于身体和大脑的惊人奥秘。几千年来，人们一直认为，大脑和身体之间的关系类似于骑手和马之间的关系。就像骑手控制马的行为一样，我们的思想也同样控制着我们的身体。正因为如此，那些希望改变自己生活的人花费了大量时间和金钱，想要改变自己的思维方式。在自封的"大师"和"人生教练"的鼓励下，这些人试图勾画出完美的自己，像百万富翁一样思考，采取积极的心态。然而很遗憾，这种改变方法不但艰难耗时，而且往往徒劳无功。

一个世纪前，哈佛大学心理学家威廉·詹姆斯彻底扭转了我们对人类心理的传统观念。詹姆斯认为，我们的行为会对我们的想法和感觉产生影响，还提出了改变行为便可轻松改变想法和情绪的理念。在詹姆斯首次提出这条貌似怪异的理论80年后，少数特立独行的研究人员进行了第一次实验，想要验证该理论是否正确。他们得出的令人满意的结果，激励其他科学家继续进行类似的研究。日积月累，我们从这些研究中发现，"装假成真"原理能帮助我们解释人们的情绪、内在动机、信仰和性格背后的种种奥秘。

这一系列精彩研究所传达的信息非常明确：思想能影响身体，身体也会反过来影响思想。这一简明的理念引出了一系列简单、快速而有效的技巧，可以帮助人们变得更加快乐，避免焦虑和抑郁，坠入爱河并幸福长存，战胜拖延症，甚至削弱衰老带来的影响。想要掌握这些技巧，无须努力改变自己的思维方式。相反，这些技巧颠覆了关于个人发展的传统理念，牵扯到行为方式的改变，基于威廉·詹姆斯一百多年前的一句箴言："如果你想拥有某种特质，那就表现得你仿佛已经具有这种特质一样。"

这一理论对于所有希望了解心灵奥秘的人有着重大的意义。自从这一理论在 19 世纪末诞生以来，心理学界的人就一直在努力寻找一个适用于人类心理各个方面的概念，覆盖情绪、思想和行为等领域。例如，针对动机心理学的研究就得出了一些理论，这些理论有助于解释是什么促使人们从床上爬起来并开始行动，却无法帮助我们进一步探索幸福的秘密。与此类似，其他研究侧重于悲伤情绪造成的影响，但这些理论对想要探索说服心理学的人来说却毫无意义。然而，"装假成真"原理却不受这些限制。从激情到恐惧，从自信到创造力，从毅力到性格，这种简单的概念能让我们得以深入洞察各种心理现象。因此，"装假成真"原理非常有望成为心理学中的第一个万能原理。

"装假成真"原理单从理论角度来看就已非常吸引人，从实际角度来看，该原理也有着重要的意义。正如我们在本书各章中所看到的，这个看似简单实则深奥的想法提供了一种基础，衍生出各种快速、简单而高效的个人发展技巧。收紧肌肉，就能立刻培养出意志力；挤出笑容，就会让人感到更快乐；昂首挺胸，就能变得更加自信。这一原理还衍生出了其他实践方法，为其他更持久且重大的改变打下基础，包括帮助人们塑造性格，减肥健体，

结　语　装假成真，成为你想成为的任何人

甚至改变整个国家的信仰。

当前，围绕"装假成真"原理展开的新实验频繁见诸科学会议和学术期刊。在被詹姆斯提出100多年之后，这条颇有争议且一度遭人冷落的原理，现已被接纳成为主流心理学的一部分。不仅如此，一些研究人员甚至确信，"装假成真"原理不只是人类思维的一种奇妙的"怪癖"，而且在我们清醒状态下的每时每刻都发挥着作用。他们援引了一系列千奇百怪的实验，为这一观点提供支持。这些实验涉及催眠后暗示、活体脑部手术以及一张鸡爪的照片。

"僵尸博士"和拥有两个大脑的人

我还是个孩子时就对魔术产生了浓厚的兴趣，并做过职业魔术师。20岁出头的时候，我对成为一名催眠师产生了兴趣，便到当地的魔术用品商店，买了一本奥蒙德·麦吉尔的《催眠术圣经》。

麦吉尔是一位经验丰富的催眠师，艺名叫"僵尸博士"。在书中，他声称能够分步骤教会读者如何让人进入深度的恍惚状态。我被"僵尸博士"那充满权威的口吻吸引，把他的"圣经"从头到尾读了一遍，掌握了各种催眠诱导法，并决定尝试一下。然而，与其冒着在舞台上出糗的风险，我觉得最好还是先在克莱尔身上实验一下我新习得的技能。

当时，我和克莱尔已经同居了大约一年，对于随意抽一张扑克和专注于脑中浮现的第一个数字之类的要求，她早就习以为常。我问克莱尔是否愿意做我催眠的第一只"小白鼠"，她欣然同意。大约10分钟后，她就在我们破旧的懒人沙发上躺下，我

则坐在旁边的椅子上。我背诵了"僵尸博士"的一条最有效的催眠诱导语，让克莱尔闭上眼睛，慢慢远离意识。几分钟后，她便躺在沙发上一动也不动了。

一切进行得似乎都很顺利，因此，我让克莱尔想象数字"6"不存在，然后从1数到10。过了一会儿，她开始数数，听到她自信地数出"……4、5、7、8……"，我不禁喜出望外。

在完成了其他几项标准的催眠练习后，我决定加入"僵尸博士"的一段催眠后暗示。我告诉克莱尔，醒来时，她不会残存任何关于催眠的回忆，但会有一种奇怪的冲动，想要穿过房间，打开窗户。

几分钟后，我数到10，克莱尔突然睁开了眼睛。她有点儿恍惚，问我催眠进行得如何。我说一切都好，并解释了"6"的失踪以及其他练习背后的奥秘。讨论结束后，克莱尔站起身来，穿过房间，打开了窗户。我表示不解，故作不经意地问她为什么要在大冷天开窗。克莱尔笃定地解释说，她觉得热，需要呼吸点新鲜空气。

许多催眠术的支持者都会表示，克莱尔的头脑里似乎住着两个人：其中一个控制着她的行为（暂且称为"老板"），另一个则会观察这些行为并试图加以解释（暂且称为"观察者"）。根据这一理论，在日常生活中，我们虽然实际受"老板"操纵，但只能感受到"观察者"的存在。例如，"老板"可能选择去一家餐馆，而"观察者"则会看到发生的事件，认为自己一定是饿了。或者，"老板"可能会含情脉脉地看着另一半，而"观察者"可能会得出结论，觉得自己坠入了爱河。

然而在催眠状态下,"观察者"迫切地开始休假,让我们得以直接与"老板"交谈。对克莱尔进行催眠时,我指挥她脑中的"老板"在催眠结束后打开窗户。克莱尔从恍惚中醒来后,"观察者"也随之苏醒,并觉得一切如常。然后,"老板"根据指示打开了窗户,而"观察者"将这一切看在眼里,推断克莱尔肯定是觉得热了。

长期以来,各派心理学家对催眠的本质各执己见。一些人认为,人们确实可以进入一种神秘的恍惚状态,在催眠过程中,确实有可能与被催眠者心理的其他层面沟通。相反,其他人却认为催眠只是一场精心设计的角色扮演。这场辩论历时已久,难分胜负。所以,我和克莱尔的经验并不能有力证明"老板"和"观察者"确实存在。好在,这并不是证明我们脑中住着两个自己的唯一证据。

在一些脑部手术中,患者可以保持完全清醒,汇报自己的想法和感受。20 世纪 60 年代后期,脑外科医生何塞·德尔加多认为,在手术期间刺激患者大脑的不同部位并观察患者的感受,应该会得到有趣的发现。在几次手术中,德尔加多用微弱的电脉冲刺激患者控制头部转动的大脑区域。伴随着刺激,每位患者都会先慢慢地把头向右转,然后再向左转。然而,当德尔加多问患者为什么会这样做时,大多数人很快就为自己的行为找到了理由,解释说是在找拖鞋,听到了声音或只是感觉有些焦虑不安。这个例子又一次告诉我们,这些患者似乎先是看到了自己的行为,然后再创造出一段合理的叙事来解释自己所见。

迄今为止,针对这一概念所进行的最深刻的研究,是美国神经心理学家罗杰·斯佩里于20世纪70年代初进行的。

刚开始的时候，斯佩里和他的同事打算发明一种治疗癫痫的新方法。他们知道，大脑由两大半球组成，其间由一条叫作"胼胝体"的神经纤维连接。之前的研究发现，一些患者癫痫发作，其原因在于某个半球的过度脑电活动迅速传到了另一个半球。斯佩里想知道，是否有可能通过切断连接两个半球的组织来防止这场脑电"风暴"。为了找到答案，他为几位癫痫患者进行了手术，将胼胝体完全切断。事实证明，这种非常极端的手术取得了巨大的成功，大多数患者都在术后过上了正常的生活。然而，真正让我们进一步认识自己的，却是斯佩里对这些所谓"裂脑"患者进行的后续研究。

两个大脑半球分别控制着身体另一侧的肌肉。也就是说，右脑半球控制着左侧身体的肌肉，而左脑半球则控制着右侧身体的肌肉。同样的原理也适用于眼睛所见的图像，来自视野左侧的图像进入右脑半球，而来自右侧的图像则进入左脑半球。通常情况下，胼胝体能够确保这些信息在两个半球之间快速传播，让左右半脑都可以获取信息。而斯佩里发现，他的"裂脑"患者无法进行这种信息共享，因此想要尝试通过他们研究左右大脑半球的不同功能。

研究小组在一辆露营拖车里搭建了一个实验室，并将拖车挂在一辆货车上，在全美各地周游，对参与者进行测试。

在其中一组研究中，每位参与者需要集中精力盯着屏幕中央的一个点看。然后，斯佩里会在点的右边或左边闪现图像。他特意将闪现的速度调快，让患者来不及移动眼睛，确保图像只能进入一侧的脑半球。

结　语　装假成真，成为你想成为的任何人

控制语言和自我意识的区域大多位于左脑半球，因此，当斯佩里在屏幕右侧闪现物体图像时，患者可以很容易地说出物体的名字。然而，当同一幅图像在屏幕左侧闪现时，却被输入到右半球，让患者觉得什么都没有看到。尽管如此，这些图像还是对患者的行为产生了影响。例如，当屏幕左侧闪现"微笑"一词时，患者就会露出微笑；看到裸体女性的照片时，有的男性患者脸上则会浮现出欣赏的笑意。

这些患者并不明白这些行为背后真正原因。所以，需要解释自己的行为时，他们会说微笑是因为觉得实验很有趣，或者面露"欣赏之情"是因为他们觉得实验人员很有魅力。与上文中的例子一样，"观察者"似乎先观察到自己的行为，然后再为行为找到理由。

在另一项研究中，研究人员向"裂脑"患者展示了两张图片，针对一侧脑半球各呈现一张。之后，参与者需要观看另外一组图片，并从中选出与原始图片最接近的一张。在其中一次实验，研究人员向一位患者的右眼（左脑半球）闪现了一张鸡爪的照片，又向其左眼（右脑半球）闪现了一幅雪景。看完接下来的其他图片后，患者做出了正确的选择。他用左手选择了铲子的图片，用右手选择了鸡的图片。当研究人员要求患者对自己的行为做出解释时，他表示，鸡爪显然与鸡子相关，而铲子则是清理鸡棚要用的工具。这一次，脑中的"观察者"似乎再次看到了人们的行为，由于搞不清楚原因，于是干脆编出一个理由来做解释。

斯佩里的研究让我们清楚地看到，大脑的一部分决定吃、睡、笑或哭等行为，而另一部分则会观察这些行为，并编出一个

故事,试图解释正在发生的事情。从这个角度来看,"装假成真"原理不仅是人类思维一种奇妙的怪癖,而且是我们一生中每一个想法和每一次感觉的基石。

一个多世纪以前,威廉·詹姆斯提出了行为引起情绪的理念。这个理念虽然简单,却颠覆了我们的一切认知。百年来的研究表明,詹姆斯的理论可以用来解释广泛的心理现象,从说服到拖延症,从害怕到恐怖症,从激情到性格。不仅如此,这一理论还赋予我们深入洞悉人类思维本质的工具,并且具有改善生活甚至影响整个社会的力量。是时候抛弃关于人类心理的老旧观点,采纳威廉·詹姆斯的革命性理论了。让我们利用"装假成真"原理的力量,帮助人们改善生活,让世界变得更加美好。从今天起,抛弃旧观念,拥抱正能量,塑造全新的自我吧!

行为瞬间改变大脑的 10 个秘诀

在前面的章节中,我们做了一系列快速有效的练习,以改变思维和行为方式。下面,我把其中最有效的 10 个秘诀集中在这里,供大家"一网打尽"。

内在动机:拉近所爱,推开所恶

把物体推开(表现出不喜欢的样子)会让人产生厌恶之情,

而把物品拉到身边（表现出喜欢的样子）则会让人萌生强烈的好感。下次看到一盘点心或者巧克力饼干时，只需推开这一个动作，就能降低你对这些食物的欲望。

节食：用非惯用手吃饭

使用非惯用手吃饭时，你仿佛是在进行一种不正常的行为。因此，你需要把更多的精力放在行动上，避免无意识地盲目进食，因此会吃得更少。

意志力：绷紧肌肉

绷紧肌肉有助于增强意志力。下次想要对抽烟或奶油蛋糕说"不"时，你可以握紧拳头，收缩二头肌，把拇指和食指按在一起，或者紧握一支笔。

持久力：坐直身体，交叉双臂

在几项实验中，研究人员向参与者提出了一些棘手的问题，并测量了他们坚持的时长。相比其他参与者，那些坐直身体并交叉双臂的参与者坚持的时间要长出近一倍。务必把电脑显示器放在略高于视线的地方，遇到困难时，试着交叉双臂去应对。

自信心：高能量姿势

想要迸发自尊和自信，就试着摆出一个高能量姿势。坐下的时候，将身体向后倚，抬起头，双手交叉放在脑后。站立的时候，两脚平放在地板上，向后打开肩膀，将胸部向前推出，双手放在身前。

拖延症：行动起来

想要克服拖延症，就表现出对必须要做的事情很感兴趣的样子。只需几分钟时间,迈出你正在逃避的任务的第一步,你便会突然迸发出一种想要把任务完成的强烈愿望。

创造力:跳出思维定式

要想拥有奇思妙想,就选择新的行为模式吧。花点时间散散心,但要确保路线蜿蜒曲折、不可预知。如果这还不足以让你才思泉涌,那就试试素描、绘画或制作某种雕塑,拿出艺术家的风范来吧。

说服力:鼓励对方点头

研究人员发现,听取观点时,上下点头的人(仿佛对观点表示同意)更有可能表示赞同。如果想要鼓励对方同意你的观点,那就在和他们聊天时不动声色地点点头。这样一来,对方便会对你的动作予以回应,并发现自己莫名其妙地觉得你说得在理。

谈判:暖茶软椅

感觉与别人建立起联系的时候,我们会感到身体发暖。同理,一杯热气腾腾的茶水,也会让对方变得友好许多,而坚硬的家具常常与强硬的行为联系在一起。在一项研究中,研究人员让参与者坐在或柔软或坚硬的椅子上,针对一辆二手车讨价还价。结果表明,那些坐在硬椅子上的人出价更低,也更不容易变通。

负罪感:洗去你的罪恶

如果你对什么事情于心有愧,那就试着洗洗手或洗个澡吧。在几项实验中,那些在做了悖德之事后用消毒纸巾擦手的参与者,相比其他参与者承受的负罪感要小得多。

致谢

首先,我要感谢赫特福德大学多年来为我的工作提供的支持。我要感谢克莱夫·杰弗里斯和埃玛·格里宁阅读了本书初期的手稿。我要感谢我的经纪人帕特里克·沃尔什和编辑乔恩·巴特勒、米莉森特·本内特的指导和专业意见,没有你们,这本书就无法面世。另外,我还要特别感谢我出色的同事、合作伙伴和搭档卡罗琳·瓦特。最后,我还要感谢那些倾注职业生涯创造和探索"装假成真"原理的学者们,包括达里尔·贝姆、詹姆斯·莱尔德、斯坦利·沙赫特、亚瑟·阿伦,当然,还有可敬可爱的伟大天才:威廉·詹姆斯。